僕がUFOに愛される理由

保江邦夫

青林堂

序章――すべては祝之神事からはじまった

そもそもまだ僕が岡山にいた頃ですから、10年以上も前になるでしょうか。

その昔、伯家神道《はっけしんとう》を継承しているという京都の神社で祝之神事《はふりのしんじ》のお手伝いをしているという女性が、突然僕の大学にご主人と一緒に現れたのです。追い返すわけにもいかないので、1~2時間くらいお話を聞きました。

その話というのが、伯家神道の祝之神事というものを是非受けてくれというのです。そんなものはまったく知らないし、どんなことをするのかと聞いても、門外不出で絶対に他言できないので説明もできないと。「説明できなかったら、行くか行かないかの判断すらできないじゃないですか」というと、差し障りのない所だけ教えてくれました。何やら白装束を着用して神社でご神事をするということです。

当時、全身白装束で電磁波の害に抗議するという謎の宗教団体があったでしょう。あれの類《たぐい》かと思い、とんでもないのがやってきたなと思って、もう逃げるしかないわけだけど、なかなか帰ってくれない。

それで、次のご神事が2ヶ月後の4月1日にあるので京都まで来てくれというのです。それで僕は、「4月1日がエイプリルフールだから多少の嘘をいっても許されるだろう。当日か前日にドタキャンすればいいか」と思って、「わかりました。1回だけでいいんでしょう?」というと、「1回だけで結構です」というもんだから結局行く約束をしました。


次の日に、当時まだ東大医学部現役の教授だった矢作《やはぎ》直樹先生が、ちょっとした用件で電話をしてこられました。その用件が済んだあとに、「ちょっと昨日とんでもない人が来て、白装束を着てご神事をやるという伯家神道の祝之神事を受けてくれとかいわれたんですよ」とお伝えしたのです。

そうしたら彼は、「祝之神事をまだやっている方がいらっしゃったんですか?」というから、「そうらしいよ」と返すと、「えー、どちらでですか?」とくるので、「京都の何とか神社だったよ」といったら、「えー!」とまた驚くので、「何でそんなに?

テレビでも騒がれているおかしな宗教団体の類でしょう？」と問い返すと、「違います」ときっぱり。

矢作先生曰《いわ》く……「元々天皇家のすべての祭事を取り仕切っていたのが伯家神道で、特に皇太子殿下から天皇陛下になられるときにどうしても受けなければいけないのが祝之神事であると。それを最後に受けられたのが明治天皇で、陛下がお隠れになってから世の平和は120年間はもつけど、それを超えたらもう世の中が乱れてしまう、その120年の節目まであと数年しか残っていません。

自分は陛下の主治医団の一人として昭和天皇のときも、今の上皇陛下のときも、膵《すい》臓《ぞう》がんを発病され下血が止まらないとか、お体が非常に弱かったことを知っています。その理由は『祝之神事をお受けになっていなかったからに違いない』と思っていました。宮内庁の若い役人と一緒に祝之神事が残っていないかを全国的に調べたのですが、見つけることはできませんでした。仕方がないので文献学的に色々な情報を集めて再構築するしかないとちょうど思っていたところです。だから保江先生、是非参入して下さい」とのことで、結局行かざるを得なくなったのです。

4月1日の当日に現地へ行くとそこはかなり立派な神社で、社務所の中で白装束を着させられご神事の準備をしました。といってもこちらは何もする必要はなく、ただ座っていればいいとのことでした。すると80歳代後半の、若い頃超美人だっただろうなと思わせるもの凄く品の良い綺麗な巫女《みこ》様が現れました。京ことばでその方にいわれたら「はい。何でもします」というぐらいの品の良い方で、これは本物だなと感じます。

神事が終わり「これにて失礼します」と帰ろうとした矢先、「ちょっとあんたはん、おいで」といわれ、僕だけ奥の部屋に呼ばれました。何か粗相《そそう》をしたのかなと思ったら、その美しき80歳の京都の巫女のお婆ちゃんがとんでもないことを僕に向かっていうのでした。

「あんたはんの魂は、この地球上で生まれたものではないねん。アンドロメダ星雲の中で生まれたものや」

「何でそんなことがわかるのですか」と聞くと、この祝之神事というのは、神事を受ける陛下あるいは皇太子殿下の体に変化が出るということです。その変化について、こういう変化が出た場合はこうだというのが代々、白川家に秘伝として伝わっているのだとか。その秘伝を受け継いだのがこちらの巫女様で、それを熟知していらっしゃる。その変化に照らし合わせてみると、僕の魂は地球ではなくアンドロメダ星雲で生まれたということなのです。

それから巫女様ぐらいの能力をお持ちになると、神様とつながって色々な真実を知らされるとのことですが、巫女様はご自身もそうなのだと。自分もアンドロメダ星雲で生まれた魂で、隣の星雲である銀河系に来るときの経由地としてシリウスの周囲に巨大なUFOである母艦を配置して、そこを足掛かりにして太陽系の地球にまでやってきたのだと。そのときのシリウスのUFO母艦の司令官だったのがあんたはんだと、おっしゃいます。巫女様はその副官で、さらには、もう一人の副官が矢作直樹先生なのだと。

大学で天文学科を出た僕に80歳のお婆ちゃんがそんなシリウスのことを突然いうもんだから、「この人は何をいっているのだ。もう帰る。二度と来るもんか」と内心思っていましたが、どうにも当たりの優しい京ことばで、品があって、嘘をつけるような人でないようにも見えます。そんなお婆ちゃん巫女様が、アンドロメダ星雲やシリウスという名前を出すだけでもとにかく不思議だなと思いつつ、とにかくその日はお暇《いとま》しました。

その後も何人か凄い霊能力のある方々と別々に会って、その人達が皆同じことを僕にいい始めるわけです。だんだん僕もそうなのかもしれないなと思っていたら、また巫女様から連絡がありました。矢作先生からも「祝之神事を次の陛下のときにお役立てするためにも、とにかく行っておいて下さい」といわれていたこともあり、定期的に巫女様のところへ通うようになりました。

結局親交が深まり、足抜けできない状況にまでなった何年目かに、巫女様のお婆ちゃんが入院されてしまいました。最後に僕がお見舞いに行ったときには、僕の手を掴んでまじまじと見て、「あんたはん、後のことは頼んだえ」と涙を浮かべて訴えられます。頼まれても困るぞと内心は思いつつ、「はい。大丈夫ですよ」とお答えして、それからしばらくしてお亡くなりになりました。

そんなことで行きがかり上、巫女様お婆ちゃんの後を継いだ形になってしまった僕ですが、その伯家神道についてはひとまず別の機会に譲り、重要なのはアンドロメダ星雲から銀河系にやってくるときの前哨基地がシリウスの周辺にあって、そこを拠点にして地球に来ていたという話です。

これは巫女様だけでなく複数の人からもそのようなことをいわれました。さらに東京に移ってきてからも、岡山のときの女子大の卒業生でロンドンに住んでいる子がわざわざ訪ねてきて、イタリアンで一緒に晩御飯を食べているときに何かが憑依《ひょうい》し、「シリウスの宇宙艦隊司令官のアシュターである」とかいい出したこともありました。実際に3時間ほど緊急指令を伝えてくれたという話は、本にもなりましたし既に色々なところに書きました。

僕もかなり信じているのです。高知の物理の先生である別府先生という方は、UFOにさらわれて、どこか向こうの世界に連れていかれたときの情景をよく覚えています。彼はそのときに僕が一緒にUFOに乗っていたといい、もう20回くらい一緒に乗っているといいます。でも僕は記憶を消されているからわかりません。複数の方がそういった話を僕に教えてくれるので、僕もますますそうなんだろうと強く思っています。色々な場面がフラッシュバックで現れてくるようにもなっています。

初めてUFOを目撃したのは小学校2年生の頃です。憧れだったUFOの伝道者である矢追純一さんにも近年会えました。UFOに引き寄せられたスーパー公務員の高野誠鮮《じょうせん》さんにも会いました。UFOに拉致《らち》（アブダクション）されそうになったという事件もありました。

ただ、そのままUFOの問題にもっと突き進むかと思いきや、ここのところはひょんなことから「緊縛《きんばく》」という世界があることを知りました。

これが単なるSMプレイ的な興味でということではなく、だからといって純粋な芸術だという見方でもなく、実は覚醒するための最も簡単な手法だったということに気づいたのです。

ヨガや座禅や瞑想など、自己覚醒する様々な手段も体験しつつ、それらと緊縛とでどっちの効果がより高いものなのかということを、自分なりに研究していった結果、驚くべきことがわかりました。

ヨガなどの自己覚醒ではもの凄い年月がかかり、しかもその人の個人的な能力や素質も影響するというのに、緊縛は簡単にアッという間に誰でもすぐに覚醒できる素晴らしい技法だということを突き止めたのです!……と、気が付けばすっかり興味がそっちに突っ走っていました。

最近になり「お前、それじゃダメだろう」とメッセージが降りてくるような感覚がありました。

伯家神道の巫女様お婆ちゃんの声が思い返されます。

「あんたはんの魂はシリウス生まれ。UFOの大きな母艦の司令官だったんよ。あんたはんが今回、地球に転生している使命は、この地球上に【第2の宇宙センター】をつくることやで……」

しかし、様々な断片的記憶がフラッシュバックしてくるにつれても結局わからなかったのは、何故僕がこの地球上に第2の宇宙センターをつくらなければならないのかということです。そもそも「第2の宇宙センターって何？」まったくそこはわからずじまいです。わからないから動きようもなかったといういい方もできます。

でも巫女様やアシュターの堪忍袋の緒が切れそうなのか、2024年になってからの僕の周りには、頻繁にUFOがあからさまに現れるようになりました。

そしてついに判明するのです。何故僕が第2の宇宙センターをこの地球上につくらなければいけなかったか。その第2の宇宙センターとはどういう意味なのか、すべての疑問が白日の下にさらされたのです。

すべての責任は僕自身にあり、原因を作ったのも僕であること。伯家神道の祝之神事を受けさせられることになってから今に到るまでの僕の身に、宇宙絡みで起きたすべてのことが実は全部つながっていて、かつこれからどうしなくてはいけないかということまでわかったということが、この本に書かれてある真実なのです。

目次

第1章

UFOに導かれて

煎茶道の御家元に打ち明けた小さな秘密

怒濤《どとう》の如く保江邦夫の身に襲いかかってきた奇想天外な話の数々。

まずは少し時をさかのぼって、2022年の1月に降って湧いた不可思議かつ興味津々な出来事についてのご報告をさせていただきましょう。

前日には京都で初煎《はつせん》の行事があり、煎茶道黄檗売茶流《せんちゃどうおうばくばいさりゅう》の御家元《おいえもと》が淹《い》れて下さった御《お》点前《てまえ》を頂戴した後に、先代御家元から貴重なお話をうかがっていました。

それは、炎の揺らめきを眺めることによって人の心が癒されるというもので、お若い頃に身寄りのない子ども達の養護施設の理事長をなさっていたときのご経験でお気づきになったとのこと。

施設に初めて送られてきた子どもは、この先自分がどのようになるのかまったくわからない不安にさいなまれて、施設に入ったとたん泣きじゃくり始めるそうです。

そんなときには誰がどう接しても絶対に収まらないため、ハウスマザーと呼ばれる施設の養母職員が「ハウスインテイク」と呼ばれることをするのですが、それは何と暖炉の前にその子どもと並んで座って、暖炉の前で燃える薪《たきぎ》の炎を黙って見続けることだというのです。

暖炉がなければ、中庭で焚き火かキャンプファイヤーをして、その焚き火の炎を見るのでもよいのですが、ともかくそうすることでしか施設に初めて送り込まれてきた子どもの心を癒して落ち着かせることはできないのだそうです。

この話をうかがったとき、僕はそれまで誰にも打ち明けたことのなかった自分自身にまつわるひとつの小さな秘密を、先代御家元に打ち明けました。

それは、物心ついたときには既に母親不在で祖母と叔母に育てられていた僕が、近所や学校などで他の子ども達から不当な扱いを受けたときなどには、決まって夕方からのお風呂の焚《た》き付け役を買って出ていたことです。

当時の我が家は古い屋敷造りの木造で、お風呂はいわゆる五右衛門風呂でした。土間にある焚き付け口から薪やくず物を投入して燃やすことで、鉄の風呂桶《おけ》を下から直接に加熱して、風呂桶の中の水を湧かすというものです。ですから冬の寒い時期などでは冷たい水道の水から湧かすのでお風呂に入れる温度になるまでには、火が絶えないように2時間近く焚き付け口の前に座って見守る必要がありました。

当然ながらその間は薪の燃える炎を眺め続けることになるのですが、どうやら子どもの頃の僕は知らず知らずのうちに、炎の揺らめきを見ることで心が癒されることに気づいていたのでしょう。

学校や近所で嫌なことがあったときに限って、自分から祖母に願い出てお風呂の焚き付けをやらせてもらっていたのですから。

子どもの頃に見たオレンジ色の葉巻型UFO

そんな子どもの頃の自分の小さな秘密の背後に、炎が持つ素晴らしい心理効果の存在があったことを教えてもらえた僕は、翌日には爽快に目覚めて昼過ぎには京都駅から新幹線に乗って、いったん岡山へと移動します。

実はその次の日の夕方からは京都の祇園《ぎおん》町で新年のお座敷に芸舞妓《げいまいこ》が12人も集まっ

てくれる会合が予定されていたため、本来ならばそのまま京都にいてもよかったのですが、未だに岡山に住民票を置いているために税金やら何やらの支払いや各種手続きなどで、月に一度は平日に岡山に戻る必要があったのです。

岡山に着いてからは銀行と区役所それに中央郵便局などを巡っていましたが、車を丸善岡山店近くの地下駐車場に止めたついでに、丸善の書架をサッと見て回る時間だけはありました。

すると、どうでしょう。

な、な、何と、僕の本が10種類以上も棚の中央部に並べられていて、まるで「保江邦夫コーナー」になっているではないですかっ。

いっぱしの作家気分になった僕はすぐに携帯電話を取り出して棚の写真を撮ったのですが、そのとき2段上の棚にあった1冊の単行本の背表紙に目が留まります。

3センチメートルほどの分厚さに惹かれたのかもしれませんが、僕の思考が命じる前に左手が先に動いてその本を手に取っていたのには驚きました。

そして何気なくパラッと最初に開いたページを見た瞬間、さらなる驚愕が襲ってきたのです！

何故なら、そこに記されていた場面は、まるで僕自身が小学校2年生のときに体験したものと同じだったのですから！

そこでは主人公の男性が子どものときにオレンジ色の葉巻型ＵＦＯを上空に見つけ、天からの啓示を得たことが回想されていました。そして、その分厚い単行本に記されていたストーリーは、成長して２０２０年代に生きる主人公の男性の周囲で、爬虫類系宇宙人が暗躍して日本や世界を混乱に陥れようとしていること、さらにはそれを阻止しようとしているアンドロメダ星雲の宇宙人の助けを得て、爬虫類系宇宙人に憑依されている政治家や中国共産党員などのダークサイドを、主人公が暴くことなどから構成されていました。

さらに驚いたのは、な、な、何と、その主人公の男性は合気道の達人という設定になっていて、おまけに合気道は人間相手だけでなく宇宙人にも通用する武術として記されていたのです。

うーん、これはまさに意味のある偶然の一致……。この単行本をまるで僕自身の物語であるかのように感じた僕は、すぐさまレジで購入したのはいうまでもありません。

そして、このとき以来、しばらく鳴りを潜めていたＵＦＯと宇宙人にまつわる動きが、僕の周囲にこれでもかというほどに現れてくるのです。

それは、まさに神様から頂戴した次なる使命は、僕が長年にわたって追いかけてきたＵＦＯと宇宙人についての隠された事実をカミングアウトすることで、世の人々にこの世界の本当の成り立ちを感じ取っていただくこと、そして人生の中での試練を乗り切っていく原動力としていただくことだと、いわんばかりでした。

そう、小学校２年生のときにオレンジ色の葉巻型ＵＦＯを目撃してから得られた、不思議な経験の数々が教えてくれた「人間と宇宙の深いつながり」について包み隠さずに公表することこそが、これからの僕が神様に召し出された使命なのだと直感することができたほどに！


再び京都に戻った僕は、祇園町で芸舞妓12人が正装した新年会に呼ばれ、伝統的な京踊りの世界を堪能しつつ、芸舞妓さん達とはどういうわけか、ＵＦＯ目撃談やら宇宙と宇宙人についての話題で盛り上がってしまいます。

彼女達曰く、普段のお座敷でお客さんとそんな話になることはないにもかかわらず、その夜は何故かＵＦＯと宇宙人オンパレード。

翌日の昼に京都を出て東京に向かった僕は、新幹線の中であの単行本の続きを真剣に読み進めますが、品川駅に到着するまでの時間ではまだまだ最後まで読み切ることができないほど、内容もページ数も分厚いものでした。

結局、最後のページに到達できたのはそのまた翌日でした。主人公を陰で助けてくれていたのがアンドロメダ星雲の清らかな宇宙人であり、そのメッセージは星の瞬きからＵＦＯに変化していくことだと判明したのです。

このとき、前著『神様のウラ話』（青林堂）で既にお伝えした、犬吠埼《いぬぼうさき》でのＵＦＯ目撃の場面がまさにそれだったと確信しただけでなく、２０２１年の年末の夜に北海道の札幌市内中心部で、15分以上にもわたってシリウスの瞬きとして伝えられてきたメッセージこそが、今回の使命を僕に直接伝えるものだったと気づくこともできました。

ついに植芝盛平先生の奥義を手に入れた?!

それだけではありません。

そのシリウスの瞬きによるメッセージを受ける前日には、札幌で宮本武蔵の二刀流である「二天一流」を受け継いでいらっしゃる高齢の先生に稽古をつけていただいたのですが、そのときに腕の骨や背骨に微細な振動が生まれて、それを巧みに利用して相手の太刀や身体を崩していくのが奥義だと直感できました。

東京に戻ってから最初の道場稽古が翌年1月の稽古始めだったため、そのときに習いたての奥義を自分なりに工夫して試してみたのです。

これまでも、相手が渾身の力を振り絞って両腕で僕の片手を掴んで押さえ込んでくるのをはね飛ばすことはできていたのですが、逆に相手がフニャフニャの手で力を抜いて単にこちらの手に相手の手を軽く乗せているという状況では、単に相手の手が上下に動くだけで相手の身体をはね飛ばすことまではできていませんでした。

しかし、合気道の創始者である植芝盛平《うえしばもりへい》翁は、そんな触れるか触れないかの状態からでも相手をあっという間に吹き飛ばしていたので、僕もいつかはそんな達人になることを夢見てはいたのですが、実際には不可能だと思い始めていたのです。

ところが、ｂｕｔ、しかし！

その稽古始めにおいて見よう見まねで自分の背骨に繊細な振動を生み出した（と感じた）ときには、相手が渾身の力で両手で握ってこようが、力を抜いて単に形だけこちらの手に触れるだけにしてこようが、どちらも同じように相手の身体を瞬時にはね飛ばすことができたのです。

もちろん、僕も驚いたのですが、一番驚いたのは相手をしてくれていた体の大きな門人で、最後にはとても重要な言葉をくれました。

彼は長年にわたって様々な武道を研鑽《けんさん》しているだけでなく、ヨガや身体操作法についても研究しているのですが、その彼が僕のそのときの技の凄まじさを生んでいる背骨の微細な振動だと僕自身が感じているものこそが「クンダリーニ」ではないだろうかと見抜いてくれたのです。

でなければあのような凄まじい効果が生まれるわけがないというのが着眼点でした。

中国武術やインド武術などの奥義が背骨におけるクンダリーニの発生にあるとは僕も聞いてはいたのですが、ヨガや瞑想などにはまったく興味がなかった僕は、そんなことで武道の達人になれるわけはないとこれまで注意すら向けてはきませんでした。

それが、札幌の達人にほんの少し手ほどきしていただいただけでクンダリーニを操ることができるようになったわけですが、僕自身はヨガも瞑想も一切やってはいません。

何となく背骨に繊細な振動を生み出したつもりになっただけで、こんなあり得ないことが実際に起きるということをまざまざと見せつけられた僕は、人間という存在が持つ計り知れない不思議な力が人間と宇宙のつながりを物語っているのではないかと気づかせてもらったのです。

怒濤の如く押し寄せてきた出会いの数々

あるときは、人気ネット番組『神社チャンネル』で有名な羽賀ヒカルさんに会うために、白金町内を10分ほど歩いて彼の東京事務所を訪ねました。

併設されたお洒落なカフェで昼食まで御馳走になったとき、僕は何気なく例の分厚い単行本と岡山の丸善書店で出合った話を軽くしてみたのですが、驚いたことに羽賀ヒカルさんはその著者の名前に心当たりがあるようで、少し考えてから、

「確か、その方と今日の午後にここでお会いすることになっています」

と教えてくれたのです。

ビックリした僕が、以前からのお知り合いなのかと聞いたところ、まったく面識はなかったのだけれども、先方から何かコラボしたいという連絡がきたので、その日の午後に初めて会うことにしたとのこと。

いやー、こんなニアミスのようなこともあるのかと、そのときの僕は唸《うな》ってしまったのですが、その日の驚愕はそれで終わることはありませんでした。

昼食後に羽賀ヒカルさんの事務所を辞してから、僕は別の出版社での打ち合わせ会議のために白金から渋谷まで移動しました。応接室に通されてすぐに社長さんと副社長さんが入ってこられたタイミングで僕の携帯電話が振動を始めます。

着席しながら電話に出るように促して下さった社長さんに会釈してから耳に当ててみると、ごく最近親しくなった、社会学者でありながら実業界でも成功している天才肌の男性からで、これから六本木辺りに出てこられないかとのこと。

何やら最近知り合った国際情勢にも詳しくアメリカのトランプ前大統領とも太いパイプを持っている唯一の日本人と会っていたら、その人物が僕の本やネット動画のファンだとわかったので、それなら今から僕を呼び出してみようということになったそうです。

こちらが何も仕事が入っていないタイミングであればもちろん出向いていくのですが、よりによってこれから出版社で5時間ほど缶詰になるまさにそのときだったので、とても無理なことだと説明したところ、ならば少しだけ時間を割いてこの電話で挨拶を交わしてくれといわれてしまいました。

観念した僕が同席の社長さんと副社長さんの顔を見ると、お二人ともが笑顔で「ごゆっくりどうぞ」とおっしゃって下さったので、電話の向こうのその初対面……でもない、初対話の方と話し始めます。

しかし、トランプ前大統領に通じる日本人ということだけでは、僕の頭の中をどう探し回ったところで共通の話題があるわけもありません。

少なからず困惑しながら受話器から流れてくる男性の声には、誠実さに裏打ちされた芯の強さを感じ取ることができたため、安心した僕はほんの数日前に岡山の丸善書店で見つけたあの単行本の中で、主人公を助ける日本人がやはりトランプ前大統領と裏でつながっていることが描かれていたとつい口走ってしまいました。

初対話の人にいきなりそんなぶっ飛んだ話はさすがにまずかったかなと思った直後、受話器の向こうから驚くような台詞が飛び出してきます。

「ああ、あの本の著者の方ですか、よく知っていますよ。実は私がアメリカの政治集会に行って当時のトランプ大統領とお近づきになったときに、英語の通訳をお願いしたのです。彼が書いている内容は申し訳ないのですが、すべて私がアメリカで取材したことの延長です。もし興味がおありなら、彼にご紹介することもできますよ」

イヤー、これにはビックリ。

わずか数日前に岡山で何故か目に留まった分厚い単行本の中に記されていた主人公がまるでこの僕自身であるかのようだっただけでも、もの凄い驚きなのに、その後に続くたった数日の間にこれほどまでにその単行本に関係する事象や人々に巡り合うことができるとは！

これは明らかに神様によるイタズラ、いや、何らかの御導き！

そう確信できた僕は、その初対話の電話相手に向かって、できれば近いうちに是非ともお会いしたいと申し出たのです。

すると、即座に返ってきたのは、実はこの2月末から3月頭にかけてアメリカのフロリダ州で全米の政治集会が開かれるのに合わせて渡米するので、その前に是非一度、との、率直で誠実なお答え。

こうして電話による初めての遠隔（？）対面が終わった瞬間から、僕の身に急速にＵＦＯや宇宙人、さらにはその延長線上に位置する超能力者につながるご縁が、怒濤の如く押し寄せてくることになったのです。

まさにその流れによって、長い間僕自身のライフワークだと密かに温めてきた「ＵＦＯ・宇宙人・超能力」研究について公表するという使命に、召し出されてしまうことになるのです。

なお、読者の皆さんが気になっているであろう〝分厚い本〟についてご紹介しておきましょう。

『２０２Ｘ年の大予言 コロナから始まったＵＦＯ・宇宙人・陰謀論』という漫画です。監修：及川幸久、作画：黒須義宏、企画：オフィシャル・ソラカラ（https://uaai.info/)、ビジネス社。

第2章

超能力者が見せるリアルファンタジー

矢追純一さんと高野誠鮮さん

それからちょうど4週間後、六本木でその〝トランプ前大統領と通じる方〟にお会いすることができました。そしてその際、まさにこの僕の生き様のバックボーンとなる貴重な言葉を教えてもらえることになるのです。

それは「ノブリス・オブリジュ」というフランス語由来の英語表現で、日本語に意訳すると「高貴なる者の務め」ということになるでしょうか。

このときは渡米直前のお忙しいタイミングだったため、じっくり腰を据えてお話をうかがう、ということはかなわなかったのですが、それでもその方の持つ影響力には目を見張るものがある、ということを実感する出来事が起きていきます。

このことについては、もう少し先になるとは思いますが、お伝えできる日がきっと来ることでしょう。

実は、その方との初めての電話対話の5日後には、日本におけるＵＦＯブームを牽引してきた日本テレビの元ディレクターである矢追純一さんにもお会いすることができたのです。

そう、ＵＦＯと宇宙人についての探究の神様ともいうべき、子どもの頃からの憧れのヒーローと直接に言葉を交わすことがついについに実現したのです！

矢追純一さんに同席して下さったのは、石川県羽咋《はくい》市の一公務員だったときに政府から50億円を超える補助金を引っ張って地元に通称「ＵＦＯ博物館」、公称「コスモアイル羽咋」を作った「スーパー公務員」の高野誠鮮《たかのじょうせん》さん。

高野さんが「スーパー」と呼ばれる所以《ゆえん》は、博物館の展示品としてあくまで本物にこだわり、当時の二大宇宙開発大国だったアメリカ合衆国と旧ソビエト連邦から、な、な、何と、マジに本物のロケットや宇宙船の数々を手に入れてきた常識破りの手腕によるものでした。

アメリカ航空宇宙局ＮＡＳＡに至っては、通常はアメリカ国内に対しても数週間程度しか貸し出さないアポロ宇宙船や月着陸船、ジェミニ宇宙船やアトラスなどの貴重な保存用の現物を、高野さんの熱意に根負けした形で１００年間の無償貸し出しを認めてくれたとのこと。イヤー、その行動力には完全に脱帽です。

こうしてNASAとの強い絆を作り出した高野さんはその後、月面に着陸したアポロ宇宙船の宇宙飛行士やスペースシャトルの船長経験者等とアメリカや日本で酒を酌み交わす仲にまでなられたのですが、そんな個人的な交流の中で公式には絶対に見せてもらえないNASAが秘匿《ひとく》する貴重な写真や、それにまつわる機密情報の数々を手に入れていらっしゃったとか！

日本のUFO・宇宙人研究の二大巨頭と目される矢追純一さんや高野誠鮮さんとの邂逅《かいこう》で、ますます年明け早々から神様に召し出された新しい使命の現実性の大きさに触れた思いの僕だったのですが、その後宇宙人の延長で僕が超能力や超能力者について論じることになるきっかけとなった出会いがありました。

リアルファンタジーな超能力者Hiviki さん

それは2月のある火曜日のことです。

新幹線で岡山から広島まで移動し、市内中心部の繁華街「八丁堀」にある「マジック&ショットバーＨｉｖｉｋｉ」のオーナー兼バーテンダーとして「リアルファンタジー」と名付けた超能力ショーを実演する超能力者のＨｉｖｉｋｉさんに会いに行きました。

その頃はコロナ蔓延防止期間だったため、お店はずっと閉じたままでしたが、僕にその素晴らしい超能力の技法を見せて下さるために、閉まった店のカウンターに特別に立って下さったのです。

神戸の阪急六甲駅前でマジックカフェバー「Ｂｉｒｄｉｅ」を開いている超能力者Ｂｉｒｄｉｅさんよりも二回り先輩であるＨｉｖｉｋｉさんは、どうもＢｉｒｄｉｅさんの当面の目標となっている存在のような、経験豊富な超能力者として広大なアメリカ全土で大人気を博していたそうです。

そのＨｉｖｉｋｉさんについては不覚にもそれまでまったく存じ上げていなかったのですが、つい1ケ月ほど前に日頃からお世話になっている知人に、「広島にＢｉｒ ｄｉｅさんのような超能力者がいて、先日行ってみたら10円硬貨をまるでコンニャクのように曲げさせてくれました」

と聞いていました。

僕は世の中にＢｉｒｄｉｅさんのようなホンモノの超能力者がそう簡単に見つかるわけはないと思っていたので、本音をいえば半信半疑というか無信全疑で広島に向かったのも事実。

そんなわけですから、10円玉を途中ですり替えるトリックを使えないようにするために、岡山の家の中を探して昔のスイスの1フラン硬貨を2枚持ち出していったのです。

そして、いざＨｉｖｉｋｉさんが10円玉を指で曲げさせてくれるというとき、やおらポケットからその1フラン硬貨を取り出した僕は、まるで挑戦状を叩きつけるかのようにいい放ったのです。

「こっちのスイスの1フラン硬貨を曲げさせてもらえますか」

しかしＨｉｖｉｋｉさんは顔色ひとつ変えずに「よろしいですよ」とサラリといっ

てのけたのです。

すり替えられる可能性がその時点ではゼロと考えられるスイスの1フラン硬貨であっても、さらに念には念を入れて油性マジックペンで僕のサインを書き入れておきました。

その1フラン硬貨の端を親指と人差し指で摘んだＨｉｖｉｋｉさんは、僕に自分の指先でその1フラン硬貨を押してみるように促します。

もちろん、日本の１００円硬貨のような大きさのニッケル合金でできた硬い1フラン硬貨がそんなことで曲がるわけはありません。

すると、Ｈｉｖｉｋｉさんは僕に向かってこんな台詞をぶつけてきました。

「では、まず私の目を見ながら、私達の視線の真ん中に小さな光の玉が現れたと思って下さい。

そして、その光の玉があなたの目から身体の中に入っていき、あなたの右腕を通って右手の指先にまでやってきたと思った瞬間、指を軽く前に出してみて下さい」

一応いわれたとおりに思いながら右手の指先を軽く前に出してみたところ、な、な、何と、直前までは硬いニッケル合金の1フラン硬貨のはずだった物体が、まるで「暖《の》簾《れん》に腕押し」のようにゼリーやコンニャクでできたコイン状のお菓子であるかの如くフニャリと曲がってしまいます。

曲がるときの抵抗感がまったくなかったため、硬い1フラン硬貨が折れてしまったと感じた僕は大声で、

「アッ！　折れちゃった!!」と叫んだくらいです。

それもそのはず、なんせ、そのときの自分の指先の感覚は、暖簾の垂れ下がった薄い布を押したときの感覚と同じくらい、まったく抵抗感がなかったのですから。

Ｈｉｖｉｋｉさんが親指と人差し指で摘んでいたスイスの1フラン硬貨をそのままカウンターの上に置いてくれたのを見たときの驚愕の大きさといったら、物理学者であるが故になのでしょうが、まさに驚天動地《きょうてんどうち》。

絶対にあり得ないと信じていたことが、目の前で、しかもこの自分自身によって生じてしまったのです。

その1フラン硬貨を手に取って注意深く見てみると、3分の2くらいのところでグ

ニヤリと折れ曲がっているのに加え、残り3分の1くらいのＨｉｖｉｋｉさんが親指と人差し指で摘んだ部分もまた凹面状にへこまされていました。

アレッと思ったとき、Ｈｉｖｉｋｉさんがシレッとした顔で説明してくれるではありませんか！

「今日はせっかく保江さんがお出で下さるということで、私も初めてのことをやってみました。いつもならコインを真ん中あたりで折ってもらうだけにしてきたのですが、私が2本の指で摘んでいる部分もさらに別方向に曲がるようにしてみました。初めてだったのですが、うまくいきましたね」

え、え、えーーーっ！　そのへこんだ部分はＨｉｖｉｋｉさんが親指と人差し指で摘んでいただけなのに、まるでＨｉｖｉｋｉさんの親指の先の形に湾曲しているではありませんか！

こんなことまでやってのけるとは!!

しかも、僕が持ち込んだスイスの1フラン硬貨を使って!!!

この時点でもう完全に脱帽だったのですが、Ｈｉｖｉｋｉさんはさらに追い討ちをかけてきます。

な、な、何と（何度も同じ表現でスミマセン）、僕がさらにお貸しした硬貨を上下の前歯で咬《か》みちぎってみせてくれたのです！

その半切れのコインを見ると、確かにＨｉｖｉｋｉさんの歯形に沿って切断されていて、僕も唸ることしかできません。

ところが、前歯で咬み切ったままのコインが、この世界で安定に存在できるのはわずかの時間に限られているということで、そろそろ元の状態に戻しましょうというが早いか、Ｈｉｖｉｋｉさんは舌の上にずっと乗せていた片割れのコインをフッと口から吹き出します。

もちろん、そのときは目を皿のようにしてＨｉｖｉｋｉさんの舌の上の半分のコインと、Ｈｉｖｉｋｉさんが指で挟んで持っている残り半分のコインを必死に見つめています。

す、すると、どうでしょう。

Ｈｉｖｉｋｉさんの舌の上から飛び出した半切れのコインが、指で摘んでいた残り半分の片割れと見事に合体して元のコインに戻ってしまったのです。

これにも驚かされてしまいますが、Ｈｉｖｉｋｉさんが繰り出す「リアルファンタジー」の出し物はこれでもかというくらいまだまだ続きます。

しかし、ここでそのすべてをご紹介したのではＨｉｖｉｋｉさんの営業妨害になりかねません。

ですから、ここではＨｉｖｉｋｉさんの超能力の素晴らしさを示す「リアルファンタジー」についてもうひとつだけお伝えするに留めましょう。

不可思議千万な宇宙に脱帽

それは本当に、これでもかというほどに繰り広げられた出し物の最後に登場した、まさに真打ちの中の真打ちとおぼしきものです。

昔懐かしい透明ガラスの白熱電球をひとつ渡されたのですが、チェックするように促された僕がどうこねくり回しても、普通に売られている60ワットの電球でした。

そして僕が左手でその電球の下の金属製電極部分を握ったままバーカウンターの上に左手を置くのですが、Ｈｉｖｉｋｉさんがハリウッド映画『ドクター・ストレンジ』の主人公よろしく、何やら彼の両手を動かして電球から30センチメートルほど離れたところで円を描くようにした後に、彼の片手を電球に向けたとたんその電球のフィラメントが明るく輝きだしたのです。

ビックリした僕は本当に電球のフィラメントが光っているのか判別するために顔を近づけて凝視したのですが、どう見てもフィラメントが明々と輝いています。

ソケットに入って１００ボルトの電源につながっているのならフィラメントが光るのは当たり前でしょうが、単にこの僕が左手で握っているだけの状態で光っているのですから、これはホンモノの超能力としかいいようがありません。

しかも、ジーッとフィラメントの輝きをすぐ近くで見続けているうちに、僕は一種異様な空気に包まれてしまいます。

何故なら、ずっとすぐ近くで光っているフィラメントの輝きを見つめていても、まったく目が痛くならないどころか、どこか神秘的な穏やかさに癒されていくように感じたからです。

おまけに、もうかなりの間光っている電球を握っていても、電球自体がまったく熱くならないので、何か変だと思った僕は空いていた右手で電球のガラス部分の頭の上におそるおそる触れてみたのですが、そこも少しも熱くなっていません。

普通なら点灯した直後から電球のガラスの部分は熱くて触ることすらできないはずなのに！

これには俄然、物理学者根性に火がついたのか、僕はＨｉｖｉｋｉさんに向かって「いったい何故にこんなあり得ないことが生じているのかを説明してほしい」と頼みます。

そこで教えてもらえたことは、まさにこの僕が湯川秀樹先生のご遺志を引き継いだ形で研究を続けてきた「素領域理論」に基づく宇宙観とも合致する驚くべき事実！

そう、これまでは物理学者の眼にも一般の人々の眼にも単なる空虚な入れ物としか映っていなかった「空間」というものが本来持っていた多様性というか神秘性が示す、不可思議な現象が目の前に展開されていたのです！

この宇宙観の詳細については『人間と「空間」をつなぐ透明ないのち』（明窓出版）を是非ともご覧いただければと思います。


Ｈｉｖｉｋｉさんによる解説は次のようなものです。

もちろん、この現実世界の中では手に握っただけの白熱電球が光るわけはありません。そこで電球を持った僕の左手の先と電球を含む空間領域を切り取って、その領域だけを電球のフィラメント部分が明るく輝いている別世界の領域とすり替えてしまうというのです。

確かに電球を光らせる前にＨｉｖｉｋｉさんはまるでドクター・ストレンジが映画の中で見せる魔術をかけて空間に穴を開けるときの動作のように、両手で空間の中の電球を含む領域を切り取っているかのようでした。

イヤー、まさにドクター・ストレンジそのもの……というか、そう「ドクターリアルファンタジー」とでも呼びたくなる素晴らしい超能力者……それがＨｉｖｉｋｉさんでした。
この宇宙には、まだまだごく身近なところで不可思議千万なことが目白押しですね。
宇宙と、それを創った神様に脱帽！

ご参考までに、リアルファンタジーな超能力者Ｈｉｖｉｋｉさんの広島のお店「マジック＆ショットバーＨｉｖｉｋｉ」をご紹介します。年中無休で毎日午後７時から午前１時まで営業なさっています。住所は広島市中区胡《えびす》町４—３大和屋ビル３階、電話は０８２—２４９—０５４３で事前予約をお願いします。ＪＲ広島駅からは路面電車で「銀山町」という電停で降りるとすぐです。
是非とも一度訪れて、Ｈｉｖｉｋｉさんの素晴らしい「リアルファンタジー」の世界に触れて遊んでみて下さい。

僕がＨｉｖｉｋｉさんに感動したのは、単にその超能力の凄さだけではありません。他の能力者の方々とは違い、自分の力をひけらかしたり自慢するために皆さんの前で様々なパフォーマンスをしているわけではなく、それを見た人達がその後人生の苦境に陥ったときに、Ｈｉｖｉｋｉさんの「リアルファンタジー」の世界を思い出すことで、苦境を乗り越えていく気持ちが湧いてくることを願って毎日精進されているのです。

僕も大いに元気をもらえたのはいうまでもありません。

ヤッパ、人間って、いいもんですねー。

※このときの模様は僕のネット番組『バロン保江のエリア55』に「リアルファンタジーの世界〜マジック&ショットバーＨｉｖｉｋｉ〜」と題した動画映像としてアップしてありますので、是非ともご覧下さい。

「量子もつれ」について教えてほしい

そんな出会いがあった後、とある企業の社内講演会があったのですが、指定された会場に行ってみると、な、な、何と、マスコミに登場しない日はなかったほどの有力政治家の方と奥様が僕を待ち構えて下さっていました。

もちろん、テレビニュースや新聞の一面か政治面でしかお顔を拝見したことがなかった方ですが、お聞きすると奥様が僕の本の読者でいらして、この日は僕の講演会にご主人と共に参加し、是非ともニュースで報じられたばかりのノーベル物理学賞の受賞対象となった「量子もつれ」について教えてほしいとご希望とのこと！

え、え、えーーーっ!!

我が国に多い普通の物理学者でも知らない「量子もつれ」は、量子力学や量子物理学の基礎理論について専門に研究しているごく少数の物理学者の間でしか論じられることがない極めて特殊な、しかしこの宇宙の本質に迫る重要な物理現象です。

そんなわけで、ノーベル物理学賞がその「量子もつれ」に対して与えられたということなど、日本のマスコミでは例年以下の扱いでしか報道されませんでした。

まあ、国内の多くの物理学者ですら興味を持たないようなことに、一般の人が目を向けるとは思えないというのがマスコミ側の本音だったのではないでしょうか。

ところが、その有力政治家の奥様は、な、な、何と、ノーベル物理学賞でもわずかにしか報道されなかった「量子もつれ」が〝きっと重要なものだ〟と直感し、その解説を求めにわざわざ僕の講演会に参加して下さったのです！

それを聞いた僕は、本当に感動しました。

これにお応えしないのは男の恥、いや、物理学者の恥。

毎回の講演会では内容などはまったく決めず、その時折に（神様の御言葉が）出るに任せるように話を進めていくだけですから、このときも急遽《きゅうきょ》「量子もつれ」について一般の皆さんにもわかりやすいように詳しく解説させていただいたのはいうまでもありません。

ごくごく簡単にいえば、「量子もつれ」とは、離れた場所の粒子同士に強い結びつきができる現象のことです。いったん離れた粒子同士に量子もつれの関係ができると、どんなに遠く引き離されても、何故か互いのことがわかったり、通じ合うということです。

また、量子もつれの現象を利用した「量子テレポーテーション」の実験なども既に成功しています。これはまさに、広島のＨｉｖｉｋｉさんのリアルファンタジーもそれに近いものなのかもしれません。

そんなわけで、いつも以上に熱を込めて、大いに楽しく語り続けて2時間の講演を終えることができたのでした。

第3章

人間と空間の不思議なつながり

「合気探究」の旅についに終止符

Hivikiさんに触発された約1ヶ月後には、僕自身の50年以上にも及ぶ「合気探究」の旅についに見事な終止符を打つことができました。

「合気」というのは、故植芝盛平翁が創始された「合気道」やその源流といわれる「大東流合気武術」における不思議な崩し技法の根幹となるもので、現代に到るまでその原理を解明した者はいなかったのが実状です。

物理学者であり武道家でもあるこの僕が50年を費やして今から1年ほど前にやっとたどり着いた原理は、中込照明博士の唯心論物理学と湯川秀樹博士の素領域理論の枠組みの中で、人間の心が持つ「うつらかす」という性質を基本とするものであり、基本的にはいわゆる「催眠術」や「催眠療法」などと同根のものでした。

ところが、ところが、なのです！

Hivikiさんのリアルファンタジーで単に握っていただけの白熱電球が不思議な輝きを見せたとき、その電球の周囲の空間領域を切り取って異世界にしているという説明を聞いていた僕の心の奥底に生まれていた考えが、1ヶ月ほどの熟成期間を経てついに真の合気原理に結実したのです。

そう、それはやはり唯心論物理学と素領域理論の中でのみ理解できるものではあったのですが、「うつらかす」という人間の心の性質を利用するものではなく、単刀直入というか文字どおり、相手の身体を含む空間の領域を切り取ってそこを異世界にしてしまうことで、相手が床の上に安定的に立って存在することができなくなって簡単に崩されてしまうということが判明したのです。

もちろん、東京で僕が主宰をしている「冠光寺眞法《かんこうじしんぽう》・冠光寺流柔術」の道場で実際にそれを確認してのことであり、50年以上に及ぶ僕自身の合気探究がついにフィナーレを迎えたのでした。

まさに「合気はリアルファンタジー！」だという、驚くべき真実が天恵として与えられたのです。

このとき僕の相手をしてくれたがたいの大きな古参の門人に対しては、これまで僕の片腕をがっちりと両手で握らせた状態から崩すのはよくやっていたのですが、僕の小指一本を自在に握らせるなどというのはとても怖くて一度もやったことがありませんでした。

しかし、この「相手の身体を含む空間領域を切り取って異世界にしてしまう」という真の合気原理に気づいたときには、何故か相手に小指を折られてしまうという心配などまったく湧いてきませんでした。

そうして力一杯右手の小指を握らせた門人の身体の周囲をドクター・ストレンジ、いやドクターリアルファンタジーであるＨｉｖｉｋｉさんの動きを真似て、空いている左手で切り取ってみたのですが、このときの衝撃の大きさといったら、これまでの人生の中でも最大のものでした。

何故なら僕自身の小指はまったく何の圧力も感じなかったにもかかわらず、相手のガッシリした巨体が完全に上下ひっくり返るかのように激しく倒れてしまったのです。

相手をしてくれた門人も目を丸くして驚き、「これまで投げ飛ばされた中でも完全に異質な飛ばされようで、まるで足元から床と切り離されてツルンとひっくり返されたかのようでした！」と、興奮さめやらぬまま報告してくれたほどです。

その2週間後の日曜日には名古屋道場での稽古があったため、そこでもこの見つけたばかりの真の合気原理である「相手の身体を含む空間領域を切り取って異世界にしてしまう」という「合気」イコール「リアルファンタジー」の技法を試してみることにしました。

名古屋道場をお任せしている古参の門人は僕以外の人間ではとても崩すことができないほどに体幹の強い武道家なのですが、その彼にこの合気の原理を用いて倒した瞬間、僕は彼が初めて「エッ！」とも「ウッ！」とも聞こえる驚きの唸り声を上げたのを耳にしたのです。

それまでのやり方の合気では彼がそんな声を発したことはなく、毎回想定内の倒され方でしかなかったのが、今回だけは彼の想像をはるかに超えた不可解な倒され方だったようです。

こうして、ついに真の合気原理を手にした僕は、ドクターリアルファンタジーこと超能力者Ｈｉｖｉｋｉさんに心より感謝し、この真の合気を「御留技《おとめわざ》」として封じてしまうことにしました。

この後は古来そうであったように、天皇陛下や皇太子殿下あるいは「ノブリス・オブリジュ」を受け継いで、世の平和維持に邁進《まいしん》する高潔な人物のみに内密にお伝えするのみとさせていただくつもりです。

人間と空間の不思議なつながりを解明する中込照明博士の唯心論物理学や、湯川秀樹博士の素領域理論の中で、Ｈｉｖｉｋｉさんの超能力「リアルファンタジー」のメカニズムを理解することで、長年追い求めてきた合気の原理までも突き止めてしまったわけで、もうこれ以上僕の人生の中でやり残したことはない……というわけにはいきません。

そう、まだ最後に残っていた大きな課題があったのです。僕のライフワークともいうべきＵＦＯと宇宙人に関する真実を公にするという使命を神様からいただいてしまっていたのですから！

合気道は宇宙人に対しても有効

ところが、ところが、なのです。

実はＢｉｒｄｉｅさんやＨｉｖｉｋｉさんのような超能力者の多く……というより全員がどうも元々は地球外の星々で生まれた宇宙人の魂を宿しているという事実が浮かび上がってきたのです！

そう、合気の原理も超能力の原理と同じであり、本来は宇宙人由来のものだったからこそ、第1章で言及した分厚い単行本の中でも描かれていたことが真実味を帯びてくるのではないでしょうか。

様々な武道格闘技の中でも、合気の原理に基づく合気道だけが宇宙人に対しても有効だということです。

そしてこの僕が小学校2年生のときに初めてオレンジ色の葉巻型ＵＦＯを目撃して以来、人生のすべてを投じて求め続けてきたものすべてがつながったのです。

ＵＦＯ、宇宙人、超能力、空間の最小構成要素についての基礎理論である素領域理論に基づく物理学の第1原理の解明、そして人間の意識と魂を生み出す作用機序の探究。

そのすべてが、どうやら僕自身に宿っていた宇宙人魂が地球にやってくる前に既に知っていたことだったようなのです。

僕は今回の一生をかけて、ようやくその事実に気づくことができたわけですが、これで大いに腑に落ちたことがあります。

僕は20年ほど前に大腸がんの開腹手術中に2分30秒の間死んでいたことがあったのですが、その後僕の人生はそれまでのものから大きく離れていってしまい、いわゆる霊的な神秘体験が目白押しとなったわけです。

その中で何人かの霊能力者に教えてもらえたのですが、僕自身の地球上での転生は今回が最後で、もう二度と地球で生きる必要はないとのこと。

とはいっても、お釈迦様やキリストのように悟りきった先で解脱《げだつ》したというわけではなく、その正反対のようです。

聞けば、僕の魂は過去生において既に22回も転生で失敗を続けてきたそうですが、自力で22回もうまく解脱できなかった宇宙由来の魂については、これ以上何回試してみても無理だということが判明しているため、23回目の人生を最後にして自動的に地球を離れさせるための措置が取られてしまうんだとか。

それが、S字結腸から上行結腸にかけての部分を切除してしまうことで、それを現代社会の中で不自然ではない形で実行するために、僕の場合には急に進行した大腸がんを生じさせたそうです。

そんな他力本願ではあっても、ともかくこの僕にとって今生が地球での最後の人生……だからというわけではないのでしょうが、その人生も残りわずかとなったこのタイミングで真実のすべてを思い出させてくれる流れが生じていたのです。

そんな流れを用意してくれたのが神様なのか、はたまた宇宙連合の宇宙人なのかはわかりませんが、僕自身はその存在に心から感謝しています。

すべてを理解しあらゆることを見通しながら、この地球という宇宙人の監獄からやっと出所できるのですから！

地球は宇宙人にとっての監獄？

えっ！　地球が宇宙人の監獄!!!？？？

読者の皆さんのほとんどは、ここで大いに驚いてしまわれるに違いありません。何せ、この青く美しい惑星である地球を監獄呼ばわりしているのですから！

まあ、監獄という表現にはいささか過激な印象がありますが、例えば「流刑地」ではどうでしょうか。

地球は実は宇宙人の流刑地だったというわけです。

現代人の我々にとって流刑地といえば、例えばオーストラリアという国を思い浮かべるのではないでしょうか。元々はイギリス本国や大英帝国植民地で犯罪者となった人間を送り込んだ広大な流刑地だったのが、その犯罪者や子孫が荒野を開拓してイギリス連邦内の独立国となったのがオーストラリア。

もちろん流された犯罪者の中には強盗殺人などの野蛮な凶悪犯も少なくはなかった

のでしょうが、イギリス本国での当時の治世者にとって都合の悪い社会運動を主導するいわゆる政治犯も多かったと聞いています。

ですから高潔な理想主義者も流されてきていたため、流刑地から発展していったからといって決してならず者ばかりの無法地帯になったわけではありません。

そんなオーストラリアのイメージが、宇宙の中におけるこの地球の立ち位置を理解するのに最もピッタリではないでしょうか。

そう、実はこの地球という太陽系の第3惑星は、宇宙人の流刑地だったのです！

明らかに、これは僕だけでなく地球に住むすべての人々にとって驚天動地、まさに驚愕の事実といえるのではないでしょうか！


いやいや……「そんなアホなことがあるものか、やはり保江は気が狂っているに違いない。いったい何を根拠にバカげた妄想を流布しようとしているんだ」と、思った人がほとんどだったでしょう。

科学技術がここまで進んだ現代において、地球が宇宙人の流刑地だなどと主張して人心を惑わせるのは、それこそ犯罪以外の何ものでもないと考えるのが当たり前……のご時世です。

でも、ｂｕｔ、しかし！

たとえ全世界の人々から反対意見をぶつけられようが完全無視されようが、僕、保江邦夫はあえてカミングアウトしてしまうのです。

この地球は本当に宇宙人の流刑地だったのだと!!!

そして、そんなこととはまったく知らなかった別の宇宙人の一派がこの第2世代の若い太陽系第3惑星に調査隊を送り込んだために始まった悲劇……僕の魂が地球にまでやってきて、どういうわけか地球人として地球上で22回も無駄に転生を重ねてきた物語となってしまったのだと！

そんなストーリーは決してＳＦのような空想物語ではなく、少なくともその断片的な記憶は折を見て蘇ってきていたし、伯家神道の巫女様やその他の霊能力のある方々からも、僕の魂の由来や使命について指摘されていたのです。

もちろん、それだけではありません。まったくの第三者、しかも地球人ではなく宇宙人の第三者がアメリカ陸軍航空隊と中央情報局ＣＩＡの係官に向かって教えてくれた、人類と地球に関する本当の歴史について記録した、アメリカ合衆国連邦政府最重要トップシークレットの文書にもはっきりと書き留められていたのですから！

さあ、いよいよ面白くなってきますぞ……。

第4章

僕の神様に会えた！

神様は矢追純一

２０２２年の２月19日は僕にとっての記念すべき日となりました。

何故なら、ついに、そう、ついに僕の神様にお会いすることができたのですから！

いったい何人の人が一生のうちに神様に出会えるでしょうか？

１００人？　10人？　いや、１人……もいないのが普通ですよね。

だが、ｂｕｔ、しかし！

そこはやはり神様に最も愛される男を自負する僕なればこそ、ついに、ついに、ついに！　神様に直接お目にかかることができたのです！　いやー、よかった、よかった！


そう、この僕が実際に会ったのは普通では決して目にすることのできない「神様」ではなく、ちゃんと誰もがいつでも見ることができる「僕の神様」だったのです。

例えば、今の野球好きの子ども達の「僕の神様」といえば、アメリカの大リーグで活躍中の大谷翔平選手のことに違いありません。また、将棋に熱中している子ども達の「僕の神様」となると、当然ながら藤井聡太棋聖ということになるでしょう。

そして、子どもの頃から大のＵＦＯ・宇宙人マニアだった保江邦夫の「僕の神様」といえば……日本テレビでＵＦＯ特番をぶち上げてＵＦＯ・宇宙人ブームに火をつけたテレビディレクターの矢追純一さん!!!

幼き頃から矢追ファンだった保江少年

小学生だった僕は、ＵＦＯ特番を毎回真剣に見ていただけでなく、「矢追純一」という名前を岡山市内の書店で見つけるたびに、小遣いをはたいてその本を買い求め、夜ごと勉強に見せかけて自分の部屋でむさぼるようにして読んでいた、まさに純朴ＵＦＯ少年だったのです！

本棚に集まった矢追純一著のＵＦＯ・宇宙人関連書籍の数は20冊を超えていましたが、それだけでは収まらなかった僕の心は、書店で目に留まったＵＦＯと宇宙人に関する本を手当たり次第に買っていくようになります。

こうして手元に積まれるようになった日本語、英語、仏語のＵＦＯ本は１００冊を超えているのですが、その中でもやはり矢追純一著のものはひときわ光っていました。

他の著者によって書かれた本は、矢追純一著のものに内容が酷似していたり、近かったり、中には明らかに二番・三番煎じといったものもありました。

しかし矢追さんの本は著者自ら現地に飛んで詳細に調査したり、実際の目撃者に直接会って話を聞く中でその信憑性《しんぴょうせい》を確かめたり、さらにはテレビディレクターとしての直感を研ぎ澄ませてきた眼力によって嘘を見抜くことなどで裏づけされた、真実の記述だけが醸し出す行間の輝きといったものを感じ取ることができたのです。

もちろん、他の著者の中には一応研究機関の所長や科学者を名乗る人物もいるにはいたのですが、彼らの著作からは信頼に足るＵＦＯ情報や宇宙人の話を見つけることはできず、途中で本を閉じてしまうことばかりでした。

そんなときはいつも、小遣いの無駄使いをしてしまったと感じる後味の悪さだけが残ったものですが、矢追純一さんの本を読んだ後は逆。

「よし、俺もいつかロズウェルのＵＦＯ墜落現場に行ってみるぞ！」

とか、

「エリア51に潜入して間近にＵＦＯを見たい！」

などと、いつもワクワクした気持ちの読後感に包まれていたことを憶《おぼ》えています。

多くの場合はそんな子どもの頃の夢など、大人になるにつれてだんだん忘れていってしまうか、はたまたちゃんと憶えていたとしても単なる子どもじみた夢でしかないと考えて完全にあきらめてしまっていることでしょう。

ところが、ところがなのです！

僕にとって矢追純一著のＵＦＯ・宇宙人についての本は、そんなたわいもない夢としてしか子ども心に映らない程度の普通のものなどではなく、心の奥底に永久に消えない魂の炎を点けてしまう魔力を持っていたのです。

何せ、大人になってからの僕は、高校生の頃に買っていた矢追さんの新書版のＵＦＯ著作を1冊だけ握り締め、ネバダ砂漠を走破して念願の「エリア51」探検にまで行ってしまったのですから。

ネバダ砂漠「エリア51」へ行く

あれは、アリゾナ州のツーソンであった国際学術会議の後でのことでした。会場で知り合った若いカナダ人物理学者夫婦と日本から同行してくれていた助手の3人を乗せたレンタカーを朝から8時間以上も運転した僕は、州境を跨《また》いでネバダ州にあるギャンブルの都ラスベガスに到着しました。

その日はカジノを併設した豪華なホテルに安く泊まり、これまた信じられないような安くて美味しいステーキとオマールエビに舌鼓を打ったのです。

何故そんなことができるのかというと、要するに世界中からできるだけ多くの人に来てもらい、できるだけ長期間滞在してギャンブルでお金を落としてほしいので、ホテルの宿泊代や食事代は極端に安く設定されているからなのです。もちろん、我々4人はギャンブルなど一切しなかったので、ホテル側にとっては最悪の客だったでしょうが……。

翌朝はラスベガス郊外にあるＮＥＬＬＩＳ空軍基地に行き、展示公開されている歴代の空軍戦闘機を見学させてもらうという僕の趣味に他の３人をつき合わせました。お昼は基地内のレストランで、日本では考えられないような大きなハンバーガーやホットドッグを食べて、気分はもう完全にアメリカン。

その後はというと、これまた僕の趣味にとことんつき合ってもらうことにして、レンタカーで一路ネバダ砂漠を目指します。手にはもちろん全米ロードマップを携えていたのですが、それに挟むようにしていたのが何を隠そう、矢追純一さんが書いた新書版のＵＦＯ本の１冊。

実は、その新書には日本テレビのＵＦＯ特番のためにアメリカ政府が秘密裡に宇宙人のＵＦＯを捕獲して飛行実験を重ねているトップシークレットの機密研究施設「エリア51」の取材に、矢追さん自らが行ったときの顛末《てんまつ》が書かれていたのです。

そのワクワクする内容に感動した僕は、いつか必ず機会を見つけて自分も「エリア

51」に行ってテスト飛行するUFOに遭遇したいと思い続けてきました。

そんなとき、「エリア51」があるネバダ州の隣に位置するアリゾナ州で国際学会が開かれることになったわけですから、まさに千載一遇のチャンス到来。学会の帰りにレンタカーで助手と一緒に行ってみることにしていたわけです。

学会で親しくなったカナダ人物理学者夫婦も同行してくれることになったおかげで、日本人だけでなく外見も言葉もアメリカ人と同じ白人も二人加わったことになり、結果的に「エリア51」に囚われ消されてしまう危険性はかなり減ったことになりました。

でも、レンタカーが夕方にネバダ砂漠の入り口近くの小さな集落アラモに到着したときには、まさか「エリア51」に近づくことがそれほどに危険極まりないことになるなどとは微塵《みじん》も理解できていませんでした。

アラモのレストランで受けた洗礼

矢追さんの新書にはネバダ砂漠の中のどこに「エリア51」があるのかも略図で描か

れていたのですが、そこに一番近いモーテルがある村としてアラモの集落も記されていました。

というわけで、まずはそのモーテルに行き部屋を確保。

ネバダ砂漠の入り口に位置する田舎のモーテルを利用する人はほとんどいないようで、無事に3部屋をゲットできた我々は、各自の部屋に荷物を置いてから再びレンタカーに乗ってアラモの村で唯一のレストランに夕食を取りにいきます。

質素な造りの店はすぐに見つかり、4人で軽口を飛ばしながら店の中に入っていくと、明らかにアラモの住人とおぼしき2組の先客から冷たい視線の集中砲火を浴びてしまいました。

余所者《よそ》扱いというわけではなく、楽しそうにしゃべりながら入ってきた我々に無言の圧力をかけて静かにさせたかったようなのです。

そんな雰囲気を感じ取った我々4人は、互いに目と目で合図しながら黙ったままでテーブルを囲んで座りました。

すぐに年輩の女性が笑顔でメニューを持ってきてくれたのですが、長時間ドライブで疲れていた僕が気軽な気持ちでビールを注文したのに合わせて、他の3人もビール、ビールと注文を続けた瞬間、急に険しい表情になったかと思うと厳しい口調で教えられてしまいます。

「州外から来た人には初耳でしょうが、ここネバダ州ではご自分の家かバーでしかアルコールは飲めないのよ。うちはレストランだから、飲み物を注文なさるならコーヒーかアイスティーにしてちょうだい」

もちろん、注文を取りにきた女性だけでなく、既に無言での食事中だった先客の連中もまた、さらに厳しい目つきになってこちらを注視しています。

4人全員が気を取り直してアイスティーとステーキを注文し、食事中も努めて黙ったまま、這々《ほうほう》の体《てい》でお勘定を済ませて、店を出るまでの店内の空気はまるで凍りついたかのようでした。

外に停めてあったレンタカーに乗り込むなり4人は堰を切ったかのように話し始め、トンでもない場所に入ってしまったことを自虐的に笑い飛ばしていたのです。

時計を見るともう夜の9時半を回っていたため、急いで車を出して「エリア51」の近くまで行かなくてはなりません。

何故なら、深夜0時前後にUFOの試験飛行があると矢追さんの新書に書かれていたからです。

確かコヨーテサミットとか何とかという名前の峠からが一番よく眺めることができるとも記されていたことを思い出した僕が全米ロードマップを開いてみると、そこに挟まれているべき新書が見あたりませんでした。

レストランでの食事中に他の3人と「エリア51」の探検ルートについて話し合おうと考え、矢追さんの新書を店内に持ち込んでいたのが、店内の雰囲気があまりに悪かったため逃げるようにして出てくるときに、うっかりテーブル置きに忘れてきてしまったようなのです。

全米ロードマップなど、普通に手に入る地図などには「エリア51」の所在などは一切記されていないため、あの新書がなければ一歩も「エリア51」に近づけないと考えた僕は、忘れ物を取りにいくと告げて一人で再び店内に入りました。

そこで目にした光景は驚きのものでした。

さっきまでの店内の冷たい雰囲気はどこへやら。

店主らしきコック姿の年輩の男性を囲んで、注文を取りにきた女性や他の客達が全員和やかに笑っているではありませんか！　しかもそのコック姿の男の手には、僕の置き忘れたあの本！

突然入ってきた僕に気づいたコック姿の男は、少しばつの悪そうな顔で勝手に忘れ物の本を開いて眺めていたことの非礼を詫びながら、矢追さんの新書を手渡してくれました。

そして、笑顔で受け取って店の外に出ていこうとした僕に向かって、さらにこう告げたのです。

「その本の中の写真にある日本人の男だが、何年か前にこの店にやってきて俺や客に『エリア51』のことをしきりに聞いていたんだ。あんたもひょっとして日本から来て、これから『エリア51』の見物に行くのかい？　もしそうなら、ここから1時間半ほど砂漠の中の一本道を走っていかなきゃならないが、もし途中で他の車に出くわしたら気をつけなよ！」

矢追純一さんが何年か前にＵＦＯ特番で「エリア51」の取材に来たとき、アラモにあるこのレストランにも立ち寄っていたというのです。

それを聞いた僕は、まだ一度も会ったことのなかった矢追さんに急に親近感を持つようになったのですが、その瞬間から始まったその夜の大冒険はまるでハリウッドのアクション映画のようなものになってしまいました。

これについては、以前に金属学会系の雑誌『バウンダリー』に「竹久おさむ」というペンネームで「物理学者が見たＵＦＯ」と題する連載記事の中で公表しましたし、雑誌『月刊ムー』のインターネット版の中にも実名でご紹介したこともあります。

ここではその内容については触れないでおきますが、ともかく僕にとっての神様のような存在であり続けた矢追純一さんを唯一身近に感じることができたのが、アメリカのＵＦＯ研究のメッカである秘密基地「エリア51」を探検に行ったときだったということだけは、皆さんにも是非とも知っていただきたいと思います。

矢追純一さんとの初対面

あれから25年の月日が流れたのですが、その間にもＵＦＯや宇宙人に対する興味はまったく衰えず、矢追純一さんはずっと僕の神様であり続けたのです。

もちろん、一度も直接にお目にかかるなどということはなく、単にテレビのＵＦＯ特番や著作をとおしてのみ一方的に存じ上げていたのは、他の大多数の矢追純一ファンと同じ。

ところが、ところが……なのです。

そんな僕に矢追純一さんに会うチャンスが突然舞い込んできました。淡路島の福祉乗馬クラブ「五色ホースクラブ」の滝本眞弓会長さんが何人かのお仲間と上京なさったとき、お話しする機会がありました。その別れ際のこと、会長さんからこんなお声がけをいただいてしまいます。

「明日の午後に矢追純一さんの公開収録の会場に行くのですが、先生もお出でになればいいのに」

聞けば、その公開収録は僕のネット番組『月刊保江邦夫』や『月刊ムー』の動画などを製作してくれている会社の企画とのこと。それなら馴染みの社長さんに頼めば、ひょっとしたら現場で僕の神様である矢追純一さんに紹介してもらえるかもしれない！

「もちろん、僕も行きます！」

そして、翌日の午後のこと。開場時間の1時間前に勝手知ったる収録会場に到着した僕は、撮影スタッフに挨拶してから奥にいた社長さんに声をかけました。

僕の突然の来訪にもいつもの笑顔で応対して下さった社長さんは、さも当たり前といった自然な流れで

「ちょうどいいところにお出でになりましたよ。控え室に矢追純一さんがいらっしゃいますから、是非とも同席なさって下さい」と促して下さったのです。

こうして僕は、ついに！　神様にお会いすることになったのです！

中では顔見知りのカメラマンやスタッフの女性が準備の真っ最中。一番奥にいた

ディレクターにお声かけすると、まったく驚いた気配もなくごく当たり前であるかのように快く迎え入れて下さいます。この日の僕は文字どおり「招かれざる客」だったにもかかわらず……です。

「高野誠鮮さんも矢追純一さんも同じ控え室にいらっしゃいますから、是非時間までご一緒にお待ち下さい」

この日は、高野誠鮮さんのネット番組に、矢追純一さんがゲスト出演することになっていたのです。

ディレクターさんのご厚意で控え室に通された僕の視界に、憧れの神様のお姿が入ってきました。

本当に久し振りに緊張の表情になった僕は、たどたどしい日本語（?）で初対面の矢追純一さんに挨拶させていただきます。

ディレクターさんも旧知の高野誠鮮さんも、僕のことを矢追純一さんに紹介して下さったのを受けて、カチカチに緊張した僕は、必死の思いで目の前の人物が自分の人生を決定づけたという事実をたどたどしく語ったのです。

直後に振り返ってみても随分と情けない日本語文章しか口にすることができていなかったと、大いに恥じていたのですが、それでも矢追さんはそれまで座っていた椅子から立ち上がったまま笑みも浮かべて最後まで聞いて下さいました。

そして、そして……!

僕の神様である矢追純一さんの口を衝いて出てきたお言葉によると、な、な、何と、ぼ、ぼ、僕のことを以前から本やネット番組をとおして知っていて下さったとのこと!

神様が僕のことを天から見ていて下さった!!!

このときの僕はまさに天にも昇る心地で、我が人生最良の瞬間を迎えていたのではないでしょうか。

しかし、超多忙の矢追純一さんがこの僕などのことを前から知って下さっていたというのは、どう考えても普通にはあり得ない。ひょっとして、単なるリップサービスでそうおっしゃっただけではないのか?!

愚かな僕はその後もこの出会いを思い出すたびに、そんな不遜な問いかけを自分にぶつけ続けていたのも事実。まさか自分の本やネット番組を僕の神様ともあろうお方が見て下さっていたはずはない！

自分自身に自信のない人間特有のいじけた気持ちが次々に湧いてきたその後の日々は、しかしながら長くは続きませんでした。

それもまた、神様から差し伸べられた温かい腕があったからです。

ステーキ屋で聞いた神様の本音

なんと収録に突如お邪魔した日から1ケ月と少し経ったある日の夕方、都内中心部にあった矢追純一さんの行きつけのステーキ屋さんに招待されるという幸運が天から舞い降りてきたのです。

この展開には、完全に脱帽。神様はリップサービスなど絶対になさらないという真実を僕に突きつけて下さったこの瞬間から、自分自身への確固たる自信が甦ってきました。

指定された場所に行ってみると、そこは昭和の時代からあったような雰囲気の、こぢんまりとしたステーキ屋さん。暖炉の火でじっくりと焼いた牛肉の大きな塊をテーブルの上で切り分けてくれるアットホームな雰囲気までもが、僕に自信を取り戻させてくれます。

矢追さんはビールを飲みながらステーキに舌鼓を打っていらしたのですが、目の前で僕が白ワインを美味しそうに飲んでいたのにつられ、

「僕も白ワインにしてみようかな」と、僕の前のカラフェからワイングラスに注いで楽しそうにしていらっしゃいました。

ゆっくりとお話しさせていただけたのはこの日が初めてでした。

ということは……、そう、さぞやUFOと宇宙人についての話題で盛り上がったはず！

読者の皆様がそう思われたのも無理はないですね？

何せ、UFOと宇宙人についての真実を追い求めてきたこの僕・保江邦夫がその道

の大先輩、いや神様と大いに語り合うことができたのですから。

だが、ｂｕｔ、しかし!!

実はＵＦＯと宇宙人についてはまったく語られることはなかったのです。

じゃあいったい、僕はＵＦＯ研究の神様と何の話をしたのか？

まさか、実は趣味が合わず盛り上がらなかった？

これは読者の皆さんの期待を裏切ってしまうことになってしまうのか……？

いえいえそんなことはございません！

このときの会話はもの凄く盛り上がってしまうのです。ＵＦＯとか宇宙人という言葉など一語も出てこなかったにもかかわらず！

では、いったいどんな話題で会話が楽しく弾んだというのでしょうか？

正直なところ、僕も今回初めて知ったのですが、矢追さんはこれまた僕と同じ（と表現するのは大変おこがましいかぎりではありますが）大のミリタリーマニア、特に軍用機マニアだったのです！

しかも、しかも……、

実は矢追さんはＵＦＯや宇宙人にはまったく興味がなく、単に日本テレビのディレクターとしてのお仕事とその延長線上で深くかかわってきていただけだとまで、教えて下さったのです!!!

これには正直……、開いた口が塞がらなかったほどビックリしてしまいましたが、考えてみれば個人的な興味が強い場合には主観が先走ってしまい、客観的で公正な報道ができなくなるわけです。長年にわたってＵＦＯ特番を高視聴率で続けてこられた背景にはそんな真実もあったのだと、大いに納得することもできました。興味がなかったからこそ、ＵＦＯや宇宙人についてのどんな情報が持ち込まれてきても、肩の力を抜いて冷静な目で見ることで、その真偽のほどを名ディレクターとして見極めることができたわけです。

第5章

反重力物質とUFO

広島の老紳士が見せてくれたエリア51の写真

この日は初めて会う人と午後2時に広島駅で待ち合わせの予定が入っていました。広島駅の新幹線改札口に到着すると、面会する予定の年輩の男性を紹介下さった女性が出迎えてくれて、面会場所として確保してある駅向かいのビルの2階にあるカフェのテラス席に連れていってくれました。そこには歳の割にお若く見えるその男性の他、20歳代の男性も並んで座っています。

先方が3名、こちらが僕と秘書の2名、全部で5名が6人用のテーブルを挟んで向き合った瞬間、年輩の男性が笑顔で口を開きます。

この日に広島まで来てもらったのは、UFOと宇宙人についてこれまでその男性が直接体験したことをこの僕に伝えたいからだとのことで、矢追純一さんを含め多くの方々が著したUFO・宇宙人関連本に書かれているようなことを話し始めました。

僕にとっては周知のことであるため、最初は失礼にならないように軽く頷《うなず》きながらも、内心は「やれやれ」と思い始めていたのも事実。

そんな心の内面を読み取られたのか、不意に真剣な表情になった男性は何やらA4版の用紙に大きく印画したカラー写真を複数枚取り出して、自信ありげに1枚ずつ見せてくれました。

「これはエリア51でテラー博士と会ったときのツーショット」

と1枚目を示しながら教えてくれたとき、僕自身も急に真剣な表情になって、その男性が40歳前後の頃の立ち姿の横に並ぶ長身の白人男性の顔に、穴が開くほどジッと見入ってしまいます。

何故なら、その顔は原子核物理学の教科書などでよく見かけていたエドワード・テラー博士の顔そのものだったからです。そして、テラー博士こそは原子核融合反応を応用した核爆弾である水素爆弾を開発した物理学者として、米ソ冷戦時代からアメリカ政府や軍部の奥の院にい続けた人物にほかなりません。

さらには、アメリカ軍部や連邦政府がUFOや宇宙人に関する極秘研究プロジェクトを立ち上げたときからの重鎮として陰の権力を持ち続け、ネバダ砂漠の地下に造られた秘密研究施設「エリア51」の最高責任者でもあったのです。

そして、その広島の男性は若い頃に「エリア51」にも行き、な、な、何と、テラー博士と並んで写真まで撮っていたのです！

それだけでは、ありません。テラー博士にスカウトされて「エリア51」で宇宙人のＵＦＯ、特にその動力源について研究していたボブ・ラザー博士との写真もあれば、北米で一時有名になった「ハチソン効果」という不可思議な電磁力学現象を発見した在野のカナダ人発明家ジョン・ハチソンと並んで写した写真までもがあったのです。

そして、次に見せてくれたのは宇宙服に身を包んだ2名の宇宙飛行士が明らかに月面の上に立って手を振っている姿を広島の男性自らがシャッターを切って撮影したという？？？な写真。

これが何故に？？？なのかというと、現在に到るまで月面に宇宙飛行士が立ったのはアメリカのアポロ計画によるものだけで、そこでは同時に月面に降り立つことができたのは2名までだったのです。つまり、これまで月面に同時に3名以上の人間が存在したことはないことになっている……にもかかわらず月面上に立つ2名の宇宙飛行士を第3の人物として広島の男性がカメラで撮影していたというのです!!!

ということは……、そう、公式に発表されていない何らかの手段でその広島の男性は月面に行くことができたってわけ!!! ご自分ももちろん宇宙人にUFOに乗せられ、アメリカが月の裏側に秘密裡に造って運用している「月面基地」に行ったときの写真だとおっしゃいます。イヤー、これにはビックリ。

月面の写真を撮ってきた男

アメリカ航空宇宙局（NASA）による月面探査は、アポロ11号から17号までの計6回に及ぶ月面着陸で終了したことになってはいますが、実はその後はアメリカ軍が軍事目的のためにアポロ18号から20号まで、3回にわたって月の裏側にある宇宙人基地を訪れたという情報が水面下を飛び交っていたのも知っていた僕でさえ、いざその情報の信憑性を裏づけるかのような公式にはあり得ないその鮮明な写真を見たときには、さすがに唸ってしまいました。

ようやく信じるようになった僕の気配を察知した男性は、さらに追い討ちをかけてくるかのような発言を続けてきます。

「アメリカが宇宙人と協力して月の裏側で秘密裡に活動しているのは、地球上ではまだ見つかっていない元素番号115の鉱物を採取するためなのですが、アメリカはその元素115を何に使っているかおわかりですか?」

僕もかつてはネバダ砂漠の中にある秘密研究施設「エリア51」を、計4回にわたって調査に行ったのですが、最初のときには現地で「エリア51リサーチセンター」という私的研究組織を運営しながらアメリカ軍と宇宙人が共同で飛行実験を繰り返している事実を暴こうとしていたグレン・キャンベルさんに、様々な資料を見せてもらったことがあります。

それでわかったのですが、ちょうどその頃に「エリア51」での極秘研究に参加していたボブ・ラザー博士が地元ラスベガスのテレビニュース番組に出演し、自分が「エリア51」でUFOの飛行原理について研究させられていたことをカミングアウトしてしまったということ。

それは、元素115を用いて「反重力波」を生み出す宇宙人のテクノロジーだったというのですが、当時はまだ元素番号115番の元素を人類は発見できていなかったことから、僕はラザー博士の主張を信じることはできませんでした。

その元素115という名称が広島の男性の口から飛び出しただけでなく、それが月の裏側にある宇宙人の基地で採掘されているという驚愕の事実とともに知らされてしまったため、僕は一転してラザー博士の主張を信じざるを得ない状況に追い込まれ、ついに口走ってしまいます。

「第115番元素といえば、ボブ・ラザー博士が『エリア51』で研究していたというUFOの推進装置の動力源になっていたそうですね。しかも、その装置は宇宙人に教わった未知のテクノロジーを用いて反重力波を出すものだとされていました……」

それを聞いた男性は、

「さすがは保江先生だ。思ったとおり、そんなことまでご存じだったのですね。やはり、今日お呼びしてよかった。そう、115番元素は、実は反重力物質なのです。

地球上では見つけることができなかったのですが、月の裏側の地中には元素115を含む鉱物が埋蔵されていて、宇宙人はそれを採掘していたわけです。たまたまアポロ17号が月の裏側に着陸したときにその採掘施設を見つけてしまったため、宇宙人とアメリカ政府が密約を結んでしまった」と教えてくれました。

アポロ18号から20号までの3回の飛行を利用して地球に持ち帰った元素115を、「エリア51」でラザー博士の研究チームによってUFOの動力源として利用すれば、それ以降はアポロ宇宙船ではなくUFOによって月や火星にまで何十、何百という人間や宇宙人が行き来することができたわけで、どうやらその中のひとりが僕を呼んでくれたこの広島の年輩の男性だ……ということになります。

うーん……、これは僕自身が知り得たUFOや宇宙人に関する信頼できる様々な情報の中に欠落していた部分を補って余りある、とても重要で信頼に足る貴重な情報のようだ!

僕は感動と確信に満ちた表情で男性の教えに頷いていたのですが、その男性は最後にトドメを刺してきます。

反重力装置で浮上するＵＦＯと元素１１５の秘密

そう、最後の最後に見せてくれた写真は、それまでのピントや構図がしっかりしていたものとは違ってピントも甘く構図もかなりずれているようなものだったのです。見ると、大きな円盤型ＵＦＯの下でひとりの男がアメリカの工場などでよく見かける安全ヘルメットを被って何やら作業をしている場面のようでした。男性が説明してくれたところによると、その写真は実際にその男性が「エリア51」の地下施設の中で見た光景であり、元素１１５を用いる反重力装置によって浮上しているＵＦＯを撮影したものだそうです。

さすがにその現場では写真撮影が禁止されていたため、男性は手に持ったカバンの中にカメラを仕込んで隠し撮りを決行。というわけで、ピントも甘く、構図も完全ではなかったとのこと。

しかし、しかし……です。ともかく、目の前に浮いて静止している円盤状の巨大な飛行物体を「エリア51」の地下施設の中で撮影したというその写真が物語るのは、明らかにラザー博士が研究させられていたという宇宙人テクノロジーによるＵＦＯが、実際に存在して運用されているという驚愕の事実。

それに、元素１１５が反重力物質であるということは、それを含む鉱物は地球の重力によって地球に引きつけられるのではなく、逆に反発力によって地球から遠ざけられるということです。

そして、月の裏側にだけ元素１１５の鉱脈があるということは、月の裏側部分だけが常に地球から遠ざけられ、月の表側部分を含むそれ以外の部分は逆に地球に引きつけられる。

つまり、これまで何人《なんぴと》たりとも解明することができなかった「何故、月が常に表側を地球の方向に向けたまま、地球の周囲を公転し続けることができるのか」という難問中の難問を見事に解き明かすことができるのです!!!

なるほど、これなら浮力と重力のバランスで常に船底が海中に沈むようになっているのと同じであり、「七つの海を巡って地球を1周する船が、常に船底を地球の中心に向けるように動く」という事実と同じ理屈であることがわかります。

いやー、おかげで僕の人生、ますます楽しくぶっ飛んだものになっていきそうです。だって、その広島の男性は別れ際にこんなことまで告げてくれたのですから。

「今日わざわざ広島にまで足を運んでいただいたのですから、お伝えしたＵＦＯや宇宙人、そして月の裏側で採掘されている反重力物質１１５番元素のことなど、どうぞ先生のお名前で本やネットなどで公表なさって下さい」

もちろん、僕は他の方の業績を横取りするようなことはしません。そのことをご説明した上で、是非ともその男性自ら本を書いて公表なさるのがよい、もし必要なら喜んで出版社をご紹介しますと申し上げました。すると、その男性は、「いやいや、そんなことをしたら消されてしまいますよ。危ない、危ない！」とおっしゃる。

これには僕もいささかビックリというか、少し腹も立ち始めてしまいます。公表したならそれこそ命を狙われることが明らかな内容だとわかっていて、それを自分が殺されないようにこの僕が代わって公表しろというわけですから。

そんな表情をちゃんと読み取ったのか、広島の男性は笑いながら最後にこう付け加えてくれます。

「大丈夫です。私と違ってあなたは完全に守られているから何の心配もいりません。これらの写真も提供しますので、どうぞご自分の名前で世の中に出して下さい。お願いします」

完全に守られている……？？？


この広島の男性の文脈では、アメリカ軍と宇宙人の間の密約を公表されて困るのはアメリカ軍と宇宙人ということになるわけですから、もし僕がそれを公表したときに僕という存在を消そうとしてくるのは、アメリカ軍と宇宙人ということになります。

今の日本においては、そうなってしまったならどこに逃げても無駄だということも、火を見るよりも明らかです。何せ、白昼公衆の面前で元総理大臣が暗殺されてしまうほどですから。無名の一小市民であるこの僕などを消し去るのはいとも簡単なはず……。

それを完全に守る……というのですから、僕を守ってくれるという存在はシュワルツェネッガー扮するコマンドーや、スタローン演ずるランボー程度の人間ヒーローでは力不足であり、せめてスーパーマンかウルトラマンくらいの正義の宇宙人、あるいはミカエルやラファエルなどの大天使、はたまた聖母マリアやイエス・キリストに到る神の軍団といったところなのでしょうか。

そういえば、これまでも南仏の聖地ルルドやパリのノートルダム大聖堂などで幾度となく大天使ミカエルに助けられたことがあったわけだし、マリア様やイエス・キリストからの助言や使命を頂戴したこともありました。

そう考えれば、確かにこの僕は神様によって完全に守られてきたし、これからもそうなるという根拠のない安心感が心の奥底にあることはある……とても高慢に聞こえてしまいますが、そんなことまでも、この広島の男性は見抜いていたのかもしれません。

確か、自己紹介のときに、あの広島の超能力者Ｈｉｖｉｋｉさんに超能力を開花させたのもこの広島の男性だったと聞いたのです。

いやー、ＵＦＯと宇宙人、そして超能力者というのは、結局は深いところで強くかかわっているのですね。

※２０２４年９月現在、１１５番元素は「モスコビウム／Mc」が登録されています。ロシア、ドゥブナ合同原子核研究所のチームにより合成された人工元素で、２０１６年に認定されたものです。いつの日か時が来たら、反重力物質の元素が登録される日も来ることでしょう。

第6章

岡山市はＵＦＯのメッカ

岡山市で育った僕がよく見たＵＦＯ

「岡山市」というと、皆さんどんな印象が湧いてくるでしょうか？

そもそも「岡山県」そのものでさえ関東以北の皆さんにとっては、広島県や山口県よりもはるか西にあるような（つまり東京から遠い！）田舎の代名詞となっているわけですから、「岡山市」にいたっては……。

それに他県の人からは、「岡山県の県庁所在地は倉敷でしょ」という発言も少なくはありません。

そんな目立たない、田舎町の代表と目される「岡山市」なのですが、実は何を隠そう……、

ジャーン、「ＵＦＯのメッカ」として知る人ぞ知る場所だったのです！　エッヘン！

かくいうこの僕がＵＦＯと宇宙人の解明に一生を捧げるきっかけとなったのも、今

からウン十年前のこと、小学校2年生のときに岡山市内中心部にあった家の近所で「オレンジ色の葉巻型ＵＦＯ」を目撃したことでした。

当時の僕は一人で自転車に乗れるようにはなっていたのですが、まだ二人乗りができませんでした。その日は放課後に家の脇の私道で友達と一緒に自転車の二人乗りの練習をしていたのです。夕方になってもなかなか二人乗りができず、あきらめかけていた僕の目に、上空を西の空から東の空へと音もなくスーッと移動していくオレンジ色の長細い物体が飛び込んできました。

初めて見る不思議な飛行物体に俄然興味が湧いた僕は、友達に向かって、

「ほら、後ろに乗って！　あの変なものを追いかけよう！」

と叫び、空を見上げたままで自転車のペダルを必死で漕いでいました。

ふと気がつくと、な、な、何と、僕は友達を乗せてちゃんと二人乗りで自転車を漕いでいるではありませんか！　そう、僕はＵＦＯのおかげで自転車の二人乗りができるようになっていたのです！

むろん、そのときは「ＵＦＯ」などという言葉も、それが何であるのかもわかって

はいませんでした。それが「ＵＦＯ（未確認飛行物体）」と呼ばれる宇宙人の宇宙船だと気づくまでには、さらに5年の月日を経なければなりません。

中学生になって何故か『ＵＦＯと宇宙』と題する月刊誌（コズモ出版社）を購読するようになったのですが、あるときその巻末にある読者投稿欄に、小学校2年生のときに見たオレンジ色の細長い物体の写真が掲載されていたのです。

投稿を読んでみると、な、な、何と、「昭和〇〇年〇月〇日に岡山市上空を飛行していた葉巻型ＵＦＯ」と記されているではありませんか。その日付はドンピシャ僕が見た日だったのです！

この瞬間から、僕のＵＦＯ探究の人生が始まり、半世紀以上も続いて今に到るわけです。

では、その間にＵＦＯを目撃あるいはＵＦＯに乗って宇宙人と接したことがあったのかというと？

僕は、普通の人よりは、はるかに高い頻度でＵＦＯに遭遇していますし、何度もＵＦＯに乗せてもらっている……という話もありますが、残念ながら僕自身は覚えてはいないのです。
ただ、「私がＵＦＯに乗っていたとき、一緒に保江さんがいましたよ」といって下さる方には何人もお会いしています。（その中のお一人、高知の高校教師である別府先生については後ほどご紹介します）
ただ、岡山市内でのＵＦＯ体験に限定すると、はっきりと形状や色までも確認できたＵＦＯ目撃は２回だけ……という、少し寂しい状況でした。

同郷・江田五月先輩のＵＦＯ体験

だが、ｂｕｔ、しかし！

それは、僕自身がはっきりと憶えている範囲でのことであり、実は僕にとっては子どもの頃の不可解な体験や夢か白日夢であるかのような虚ろな記憶もまた、ＵＦＯや宇宙人とつながっていたことが最近になってわかってきたのです。

それは、高野誠鮮さんとの共著『令和のエイリアン――公共電波に載せられないＵ

FO・宇宙人ディスクロージャー』（明窓出版）の中で初めてカミングアウトしたのですが、そのきっかけは高野さんが語ってくれた政治家・江田五月《さつき》さんの実話でした。

2021年7月に他界された江田さんが、以前高野さんに「この話を公表するなら俺が死んでからにしてくれ」と念押しした上で教えてくれた、高校生のときの話です。

ちなみに江田さんは、僕が通った岡山県立岡山朝日高等学校の先輩で、ひょっとして次の話に登場する「UFOに吸い上げられた数学教師」という人物に、高校で僕も教わっていたかもしれません。

この話を高校のときの同級生に伝えたら、「あー、そういえば数学の『なるポン』は宇宙人ぽい先生だったよナー」などといっていました。

彼と彼の親友の二人は、授業の後にその数学教師から声をかけられ、UFOの存在を信じるかどうかを問われたそうです。二人とも「信じます！」と強くいい切ったのを受けて、その数学教師は、

「よし、ならばUFOを見せてやるから、今日深夜に公園の噴水のある池のところまで出てこい」

と告げました。

その夜、示し合わせて指定の場所に行ってみた二人は、驚くべき光景を目にするのです。

な、な、何と、池の横に立っていた数学教師が上空にホバリングしているＵＦＯの底部から放たれた光線によって吸い上げられてしまったのです！

岡山市にＵＦＯ着陸?!

高野誠鮮さんからこの話を聞いたとき、僕の脳裏にふたつの出来事の記憶が蘇ってきました。

ひとつは岡山市内中心部にある私立高校（当時は私立女子高）の地学教師ご夫妻にまつわるＵＦＯ着陸地点の話。

もうひとつはＵＦＯが頻繁に着陸するという「運動公園」の池で深夜に泳いでいたというおぼろげな記憶の断片。

まずは、前者からいきましょう。

市内中心部にあったその女子高には熱心な地学の女性教師がいて、鉄筋コンクリート校舎のエントランスにあった吹き抜けを利用して巨大な「フーコーの振り子」を設置していたことで、全国的にも珍しがられていたほどでした。

その地学の先生のご主人が全国でも有名なＵＦＯ・宇宙人マニアで、宇宙人とテレパシーで交信することでＵＦＯを呼ぶこともできたそうです。

そんなこともあって、この女子高には（おそらく）日本で唯一の「ＵＦＯ観測部」という部活動があり、校舎の屋上に夜な夜な陣取った女子高生が夜空を見張ってＵＦＯ、即ち文字どおり未確認飛行物体の出現をチェックしていたとか。

そして、そのクラブ活動を指導していた地学教師のご主人が宇宙人に向かって念じることで深夜ＵＦＯが着陸した場所が、岡山市内中心部にある「運動公園」の中央に位置する噴水のある池の周囲の芝生だったのです。

この運動公園は戦後に作られたのですが、その前は帝国陸軍の練兵場としての原野だったといいます。

また、太古の昔にはそこに弥生人の集落があったようで、住居跡が発見されたために遺跡として保存されてもいるところです。

江田五月さんの高校生のときの話を高野さんから聞いたとき、数学教師がUFOに吸い上げられた噴水のある公園は、この運動公園に違いないと僕は思い、その公園の写真はないかと高野さんにお願いしました。

高野さんに次にお会いしたときに見せてもらった写真によると、実際にはその運動公園ではなく、その運動公園と先ほどの女子高の中間地点にあった小さな公園のようでしたが、まあ近くですから似たようなものでしょう。そこには僕も子どもの頃によく遊びに行っていましたが、残念ながら現在では池は埋められて公共施設が新たに建てられています。

僕の不思議な映像記憶の正体

次に後者についてです。

僕は中学生のとき、岡山市立岡北中学校に自転車通学をしていました。そして、その通学路の中間に問題の運動公園があったのです。運動公園の敷地は広大で、しかも当然自動車は進入禁止です。自転車通学の通学路のショートカットにはもってこい。中学校への行き帰りには必ず運動公園を対角線に突っ切り、公園中央にあった噴水のある池の側を通っていました。

これを3年間ほぼ毎日続けたわけですが、その間に一度あるいは数度……、おぼろげにしか憶えていないというか、本当にあったことなのか思春期に特有の妄想だったのかよくわからない映像記憶が残っているのです。

それはどんな映像なのかというと……、

決して綺麗ではないその運動公園の池の水の中で泳いでいたというもの！　しかも、雨の降る深夜に!!

それが、1回だけではなく数回あるわけですから、もう自分としても驚くしかありません。

常識的に考えて、そんなことをこの僕がしていたわけはない。

でも、映像記憶があるのです。

こんなぶっ飛んだ話を高野さんが聞いて下さったとき、彼は、

「ひょっとすると宇宙人に呼ばれて雨の日の深夜にその公園の噴水池の近くに行き、そこでUFOの中に入ったときの記憶が完全に消されないで変形して残ったのかもしれませんね」

と教えてくれました。

なるほど、やはり僕はUFOに何度も乗ったことがあるのに、毎回宇宙人にその記憶を消されているために憶えていないだけだという、高知の県立高校の物理教師・別府進一さんからの貴重な情報の確かさを再確認した気分になったものです。

別府さんが教えてくれたところによると、な、な、何と、この僕は既に20回以上も

UFOに乗って宇宙人の星に行っているそうで、そこでは別府さんと一緒のときが多いとのこと。

別府さんだけは「宇宙人の星での教育システムを学んで地球、特に日本における画一的すぎる教育を現場から改善していく」という使命が与えられているため、特別に記憶が消されていないのですが、僕を含め他の人間はUFOを降りるときにその記憶を完全に消されてしまうそうです。

そのためか、確かに僕にはUFOに乗ったという記憶など微塵もないのですが、別府さんが最近乗ったUFOの中にやはり僕もいて、しかも宇宙人パイロットに文句をつけて途中からUFOの操縦を強引に代わっていた(!)とも聞きました!!

まあ、そんな僕のことですから、50年以上も前の中学生の頃から運動公園の中の噴水のある池でUFOに乗せられていたのかもしれません。

と、まあ、こんな話をたまたま僕のネット動画番組『月刊保江邦夫』のディレクターに雑談の中で話したところ、彼が禁断の雑誌『月刊ムー』の編集長に伝えてしまいます。

その結果、じゃ、じゃ、じゃ、ジャーン、編集長と記者の方に加えディレクターまでもが岡山に僕を訪ねてきて下さったのです。

その目的はといえば、もちろん、僕の案内で問題の「運動公園」の噴水のある池に行き、中学生当時の状況を聞き取るというもの。

その他にも可能なら江田五月さんが高校生のときにＵＦＯに吸い上げられる数学教師を目撃した公園も取材したいとも……。

そこはもう『月刊ムー』の長年の読者だった僕・保江邦夫のこと、大喜びでお三方を岡山にお迎えしたのはいうまでもありません。

「運動公園」や「江田五月公園（?）」はもちろんのこと、運動公園にＵＦＯが飛来することをテレパシーで予知し、実際に目撃したＵＦＯ研究家のご夫妻が当時勤務していた女子高にもご案内しただけでなく、ほとんどの人が知らないマル秘ＵＦＯスポットにもお連れしたのですから！

岡山市の陸上自衛隊駐屯地には何かがある

それはどんな場所かというと、岡山市内にある陸上自衛隊の三軒屋《さんげんや》駐屯地です。

一応は主計局、つまり民間でいえば経理の仕事を主にこなしていることになっているのですが、その看板の脇にはわかりにくい表現の看板がもう1枚掲げられています。

そのため、ほとんどの岡山市民が気づいていないというか、その存在すらまったく知られていないのが実状なのですが、な、な、何と、そこには巨大な地下弾薬庫があるのです！

太平洋戦争終結までは帝国陸軍が運用していたのですが、敗戦と同時に日本を占領したアメリカ軍によって管理運用され、現在でもアメリカ軍の戦術用ミサイルや砲弾が常時備蓄されているようです。

これまでも朝鮮戦争、湾岸戦争、イラク紛争、アフガン侵攻などの米軍派兵がある度に、この弾薬庫から各種弾頭がアメリカ海兵隊岩国基地まで運び出されていったとのこと。

もちろん、公には絶対に口外されないのですが、その中には戦術核弾頭も含まれているとも聞き及びます！

そして、その核弾頭運搬作戦を指揮するのはもちろん在日米軍なのですから、その動きもまた当然ながら、米軍の通常の作戦展開手順を踏むことになるわけです。

つまり、休日明けの月曜日に運搬命令が基地に届き、基地司令の命によって火曜日から水曜日にかけて運搬作戦準備と机上予行演習が行われ、木曜日に実際に運搬作戦が実施された後、金曜日にその評価報告と記録がなされた後に作戦終了となるわけ。

ですから、岡山市内にある地下弾薬庫から在日米軍が核弾頭を搬出する日も木曜日、しかも人目につかない夜になるようで、この弾薬庫の上空に青白い色の細長いＵＦＯが出現するのもまた、木曜日の夜になるわけです。

実際のところ、低い山を隔てた地区に住む人達の中には、夜の8時頃から2時間ほど上空に青白く光る細長い物体が、大抵は木曜日に出没すると教えてくれる方が決して少なくありません。

むろん、その善良な岡山市民の皆さんはそれが宇宙人のＵＦＯであり、真下に位置する地上で米軍が戦術核弾頭を搬出しようとするのを阻止するために、上空から米軍の車両や設備に不具合を生じさせているのだなどという真実には、まったく気づいてはいないのですが……。

うーむ、そんな驚愕の事実を知っている僕は……、やはり善良ではない岡山市民なのでしょうね。

第7章

ＵＦＯ特命係長、世紀の邂逅

品川で世紀の邂逅に立ち会う

京都の祇園八坂《やさか》神社境内にある老舗の料亭「中村楼《なかむらろう》」に芸舞妓を呼んでお座敷を堪能した日の翌日、前夜の余韻を引きずったままの僕は、二日酔いの頭を捻《ひね》りながら新幹線で東京に向かっていました。午後3時から品川駅前の柘榴《ざくろ》坂にある行きつけのフレンチビストロで世紀の邂逅の立会人をするという、とても栄誉あるお役目があったからです。

本来ならそのまま京都にとどまってハンナリとした時間を楽しんでいたはずなのですが、それを蹴ってまで東京に戻ったからにはやはり……、そう、やはり目的はもちろんＵＦＯと宇宙人。

実は、僕の著作や講演の中でも既に何回かカミングアウトしたことがあるのですが、25年ほど前に日本が世界に誇る某自動車メーカーであるＴ社のＵＦＯ研究の秘密プロジェクトに参加したことがあります。

そのときにＴ社を代表して、日本でＵＦＯ研究を真面目に続けていた科学者やエンジニアに声をかけていたT社の係長さんがいたのですが、我々は彼を「UFO特命係長」と呼んでいました。

もちろん、世界広しといえども、入社以来UFOについての研究情報を集めることだけを社長・会長から命じられていた自動車会社の社員など、他にはどこを探してもいないと信じていたのは間違いありません。

そう、ついこの前までは……。

それが、それが……、な、な、何と、この日本にもうお一方いらっしゃったのです！

それも二輪車からスタートしてその後四輪車はいうに及ばず、最近ではビジネスジェットまでも製造販売している、これまた世界に知られた自動車メーカーである、あのH社の社員だったというのです！

そして、大相撲の東西横綱対決ならぬ、T社のUFO特命係長さんとH社のUFO特命係長さんの初めての会談が行われたのです!!!

両国の国技館ならぬ品川・高輪のフレンチビストロを会場に選ばせてもらったのは僕なのですが、その理由はといえば……毎回僕がテーブルを囲んで話しているぶっ飛んだ話題を漏れ聞いて下さっているスタッフばかりなので、当日両UFO特命係長からどんなショッキングな話が出てきたとしても、ワインボトルを落としてしまうことはないと考えたからです。

我が国におけるUFO・宇宙人研究のいま

顔馴染みの店員さん達に会釈しつつ入り口を入ったところに立ち止まった僕が、広い店内をグルリと見回した最後の角に位置するテーブル席に、T社のUFO特命係長を見つけた瞬間、彼も僕に気づいたようで手を上げて合図をしてくれました。

同じテーブルには他に二人の男性が座っていて、お一人は初対面だったため、この方がH社のUFO特命係長さんだとわかります。

T社の特命係長さんが小柄で痩《や》せていらっしゃる、いわば御公家さんタイプなのに比べ、Ｈ社の特命係長さんはがたいの大きな野武士タイプ。

お二人の間のその違いは、実はＴ社とＨ社の社風の違いがそのまま反映されていたのだということも、その後にテーブルを挟んで盛り上がった会話の中で明らかになっていきました。

そして、３時間ほど続いたそんな世紀の邂逅に立ち会っていた僕は、途中ふと面白いことに気づきます。

それは、お二人の口を衝いて次から次に出てくる話題がＵＦＯや宇宙人についての研究ネタにとどまらず、それぞれが世界的な超優良企業である自動車メーカーの社内で長年ＵＦＯなどといういかがわしいものを探究する上での苦労話にまで及んだことです。


これまでの僕の人生の中で、ＵＦＯや宇宙人についての話題を熱く語ってくれた人達は何人かいるにはいたのですが、そんな方々はどちらかというと現代社会の中ではいわゆるアウトロー的なお立場で、巨大組織からはとても受け入れてもらえない（つまり僕のような！）人種であることが常でした。

そんな理由もあって、彼らがいくら熱心に声高でＵＦＯについて語っても一般の皆さんの耳にはまったく届かず、世の中から変人扱いされている同類項のごくわずかな人達である、いわゆるＵＦＯ・宇宙人マニアが知った顔で聞き耳を立てるのが関の山。

これではいつまでたっても世の中の〝普通の〟人々にＵＦＯや宇宙人に興味を持ってもらうきっかけになるどころか、かえって反発されかねません。

そんな現状にやや辟易《へきえき》していた僕は、超巨大優良企業の中で長年にわたってＵＦＯ特命係長として堂々と活動してこられたお二人の会話が、単にＵＦＯや宇宙人にとどまらず、企業内外におけるそのときそのときの社会状況や世界情勢までをも反映した一般の皆さん、特にビジネスマンや知識人と呼ばれる人達にも、大変興味深く受け入れられるトピックスで満たされていることに気づいたとき、まさに青天の霹靂《へきれき》の如くひとつのアイデアが湧き出てきたのです。

それは、このお二人の特命係長さんの間で対談収録をお願いし、それぞれの会社内でのＵＦＯ研究の事実をビビッドに語り合っていただく内容を１冊の共著本にすることで、ビジネスマンなどの一般社会人の皆さんにも興味を持ってもらえる大きな引き金になるはずというもの。

T社とH社という世界中に知れ渡っている超優良巨大自動車会社の創業者や社員気質などに触れる中で、UFOや宇宙人に関してお二人のUFO特命係長さんが奮闘して得ることができた多くの貴重な情報をカミングアウトしていくならば、これまでUFOや宇宙人についてのことにまったく耳を貸そうとさえしなかったごく普通の人々も少しは目を向けてくれるのではないでしょうか。

「これは素晴らしい考えだ！」

そう確信した僕は、鳩が豆鉄砲をくらったような表情のお二人を強く説得し、ついにお二人の承諾を得ることができました。

そう、あのUFOや宇宙人には最も関係しないと常識的に思われているであろう日本を代表する世界的自動車メーカー2社それぞれの中で、な、な、何と、UFO特命係長がほぼ同時期に活躍していらしたという驚愕の事実が世に出ることになったわけです。

いやー、これはもう我が国におけるＵＦＯ・宇宙人研究の流れを大きく変えるインパクトを持った、記念すべきターニングポイントとなるのではないでしょうか。

Ｔ社のＵＦＯ特命係長さん

というわけで、まもなく出版されることになるであろうＴ社ＵＦＯ特命係長と、Ｈ社ＵＦＯ特命係長の対談本『ＵＦＯ特命係長　大手自動車メーカーの開発秘話（仮題）』（明窓出版）の内容については、是非にも手に取ってお読みいただくこととして、本書の中ではあくまで保江邦夫の目と耳をとおして得ることができたそれぞれの特命係長さんについての印象をお伝えしておきたいと思います。

まずは旧知のＴ社特命係長さんについてですが、この方とはＴ社の機密研究プロジェクトの一員として僕が呼ばれたときからのおつき合いです。

当時の会長さんがお亡くなりになったタイミングでプロジェクトが消滅した後も、

個人的に僕のＵＦＯ・宇宙人関係の研究に時々助言を頂戴していました。

中でも特に印象に強く残っているのは、ロシア第２の都市サンクトペテルブルクにあるロシア政府と宇宙人が、共同でＵＦＯなどの宇宙人テクノロジーを研究している秘密研究機関で働いていた唯一の日本人である赤松瞳さんが日本に一時帰国されていたとき、兵庫県の千ヶ峰の麓にある白龍神社のお祀り「地球祭」で講演をなさるという情報を得た僕が、是非ともロシアのＵＦＯ研究の現状を教えてもらおうと考えて神社に押しかけたときに、強力無比な助っ人として同行をお願いしたときのことです。

なお、赤松瞳さんについては、僕とＴ社ＵＦＯ特命係長さんが白龍神社に押しかけた際にご縁を頂戴しましたが、その後長らく音信不通となり、後にブラジル政府の極秘研究に携わっていた（はずの）とき、暴漢に襲われて殺されてしまったという報道がありました。

しかし、カトリック教団のネットワークを介して、彼女は実は生きていると伝えられたということをここに記しておきます。

ともかく、このとき僕とＴ社ＵＦＯ特命係長さんが赤松瞳さんからロシアにおける宇宙人テクノロジー研究について、それまでまったく知られていなかった新事実の数々に圧倒されながら教えていただいてから、最寄りの山陽電鉄の駅までお送りした直後、車の運転席と助手席に座った二人は、しばし中空を見つめたままの放心状態に身を置いた後、どちらからともなく、

「まるで長期間の星間旅行を果たして地球に戻ってきたかのようですね」

と独白してしまったほどだったのです。

その後もT社特命係長さんには、日本のNASAともいわれるJAXA宇宙航空研究開発機構の中で、UFOに興味を持つ若手研究員グループとの意見交換の場や、航空自衛隊を定年退官された佐藤守空将が、航空自衛隊の戦闘機パイロット達が実際に目撃したUFOについての詳しい情報を公開して下さる講演会の席などにご一緒していただくなど、様々な機会を通じて僕自身のUFO・宇宙人研究を助けてくれていま す。

無言でメモを取りながら他の皆さんが語る内容に真摯に耳を傾け、いつの間にかそ

の場の議論を全員が納得する形で見事にまとめ上げていく手腕にはいつも助けられていたのですが、ご本人の話ではチームワークをモットーとするT社の風土で培われた生存術に他ならないとのこと。

まさに、この僕にはどう転んでも絶対にできないことですから、どれだけ僕が助けられてきたかは明白なことでしょう。

そんな人物だったからこそ、T社という世界に名だたる自動車メーカーの中にあって入社時から定年に到る長いスパンにわたって、世の中では口に出したとたんに頭がおかしいのではと誤解されてしまうUFOなどという際物《きわもの》の研究を続けることが許されたのだと、僕は確信しています。

H社のUFO特命係長さん

そして、次に控えしは、H社のUFO特命係長さんですが、もちろんこの日が初対面。そのご経歴やお人柄についてはまったく存じ上げないままお目にかかったわけですが、テーブルを挟んで名刺交換をさせていただいたときの第一印象は、まさにお姿が醸し出す風貌そのもの。

そう、「野武士」という言葉がピッタリであり、一方のT社特命係長さんが「公家」の雰囲気をお持ちなのとは正反対。

そんな僕の直感は実に大当たり！

その後、H社特命係長さんが熱く語って下さった内容からも、彼が社内で如何に目立って破天荒な逸材であったかがわかります。

そもそも、H社の有名な創業者社長さんがアメリカに渡り、現地工場開設用地を視察していたときにUFOに遭遇したというのが、まず普通ではあり得ない話。

そのときからUFOに多大な興味を持った創業者社長さんの特命を受ける運命にあったというわけですから、これはもう絶対に余人をもっては置き換えられないわけです。

しかも、しかも、なのです。

日本人なら誰でも知っているという、そのH社の創業者社長さんのモットーは「ものづくり」のみ！

二輪オートバイをつくり戦後日本の発展の原動力を与えて下さっただけでなく、T社創業者と同様にまったくのゼロスタートで四輪自動車の世界にも飛び込んだあげく、とことん夢を追求してF1レースまでも制覇してしまった底力を発揮しておいでだったわけですから、当然といえば当然ながら、社長さんのUFOに対する興味といえば、もちろん「UFO製造」あるのみ!!

そう、H社UFO特命係長さんは、そんな創業者社長さんから、な、な、何と、

「UFOをつくれーーー!!!」

という特命をいただいてしまっていたのです!!!

UFOについて研究することと、UFOをつくることはまさに天と地ほどの差があります。

しかし「ものづくり」をモットーとする有名なあの創業者社長さんだったからこそ、二輪オートバイ、四輪自動車を生み出して世界を制覇した後は、もうUFOをつくって宇宙を制覇するしかない！

……とお考えになったのでしょうか。
そんな創業者社長さんに応え続けたH社ＵＦＯ特命係長さんは、まさに野武士！
僕からいえることはここまでです。
イヤー、ＵＦＯにのめり込める偉大な人達に脱帽する保江邦夫でした。

第８章

神鍋で乱舞するＵＦＯ

京都・平安神宮から神鍋へ

ある秋の日、平安神宮で行われた結婚式に参列した僕は、新幹線で駆けつけてくれた岡山の秘書を拾ってから、一路兵庫県の日本海寄りの村、神鍋に向かいました。

医療過疎地である神鍋の山間部で地域の人々のため、横浜の大きな病院を定年退職後に小さなクリニックを開業した女医さんに呼ばれたためです。

その数週間前のこと、何年かぶりにその女医さんから携帯電話に届いたショートメールを見た僕は、これは急いで現地を訪れなくてはならないと強く感じ、年内で唯一可能となる京都での結婚式後のタイミングを使うことにしたのでした。

あちこちからお声かけいただいてはいても、いつもならわざわざスケジュールを工面してまで応じることはないのですが、このときばかりはすぐに行動に移したのです。

何故なら、ジャーン、もうおわかりですよね。

そう、もちろんＵＦＯがらみだったからです！

ショートメールによれば、この夏頃からクリニック上空にほとんど毎晩ＵＦＯが出現し、その数も日に日に増えてきているとか。

近所の人達も目撃しているので見間違いや思い込みではないとのことでしたし、おまけに女医さん自身は一連のＵＦＯ出現が、この僕にとっての何かとても大事なことにつながるのではと思ったとのこと!!

これで動かなければ、男ではありません！　いや、保江邦夫ではないということです!!!

次々と神鍋上空に現れたＵＦＯ

そんなわけで、メルセデスベンツＣＬＳ３５０を京都から秘書と交互に運転し、３時間半後の夕方６時前には女医さんのクリニックに到着しました。

待ちかねていた女医さんとお仲間の女性３人に急《せ》かされるようにして、近くのビュースポットに連れていかれたのですが、そこは小川と細い農道以外は一面に畑が広がる緩やかな斜面で、全天を見渡すことができるまさにうってつけの場所。

ＵＦＯに遭遇するまではかなりの長時間待たなくてはいけないだろうと考え、本格的な防寒衣装に身を包んでいたのですが、意外にも女医さんのいうとおりに空を見上げだしてからほんの数分もしないうちにＵＦＯが出現したのには正直驚きました。

天の川も見えるほど澄んだ星空に不思議な軌跡を残して、音もなくゆっくりと移動していくＵＦＯを、肉眼でも、また持参した単眼鏡でも追跡することができた僕は大満足。

ところが、ところがなのです！

ＵＦＯの出現はそれにとどまることなく、その後も次々に何機も現れ、美しい星空の中を飛び交ってくれたのです。

その昔に出版された本に、世間の人にＵＦＯという宇宙人の宇宙船がやってくることを強く印象づけた『宇宙船天空に満つる日』（渡辺大起、山本耕一 著／徳間書店）と題するものがあったのですが、この夜はまさに「宇宙船天空に満つる夜」そのものになった感がありました。

ペンションの部屋で起こった奇妙なＵＦＯ体験

そんなわけで、わずか30分ちょっとの短い時間で、これでもかと出現してくれたＵＦＯに心を残したまま、空腹を感じた僕は女医さんのクリニックの隣にある宿泊予定のペンションで、とりあえず夕食を取ることを提案。

そのペンションに到着したのが午後7時過ぎで、まずは各自の部屋に案内されたのですが、女医さんのご厚意で僕に割り当てられていた部屋の窓からは星空を見渡すことができる立派な部屋でした。

僕は思案して、廊下を挟んで向かいの部屋を割り当てられていた岡山の秘書に部屋を代わる提案をしました。

これまでも深夜に星空を見上げると、よくＵＦＯが出てきてくれたことのある秘書の子こそが、その部屋に泊まるべきだと考えたからです。

案の定、予想どおりの展開となったことはいうまでもありません。

翌日の午前8時、朝食の時間に僕の部屋のドアをノックしてくれた秘書が少し浮かぬ顔をしていたので聞いてみると、朝目覚めたときから首の後ろが痛痒《いたがゆ》いとのこと。虫に刺されたのではないかと心配していたので、1階の食堂まで歩いていく途中に首の後ろ側を見てあげたところ、確かに小さな赤い斑点ができていました。

しかし、蚊や蚤《のみ》などの虫に刺された跡なら斑点の中央部分に小さな穴が開けられているはずですが、そのようなものはまったく見あたりません。

強いていえば、子どもの頃に受けさせられたハンコ注射の跡のようなものだったため、僕はいつもの冗談で、

「うーむ、これはひょっとすると夜中に寝ている間にＵＦＯにさらわれて首の後ろ側に電極をつけられていたのかもしれないな!」

と、わざとビックリしてみせたのです。

すると、どうでしょう。

いつもなら軽快に笑い飛ばす秘書の子なのですが、このときばかりは曇った笑顔でこんな言葉を返してきたのです。

「そうですね、それも完全には否定できませんね……」

それも、そのはず。これに続いて教えてくれたのは、前夜の不思議な出来事でした。

僕は少し疲れていたために夜の10時半過ぎには部屋で眠ってしまったのですが、秘書の子は深夜まで起きていて、明かりを消した自分の部屋の窓から夜空を眺めていたそうです。

やはり星々の間をUFOが飛んでいるのが見えていたのですが、最後のほうでは1機のUFOの明かりが徐々に大きくなって、まるで近づいてくるかのようだったとのこと。

普段なら余計に興味が湧いてきてずっと見続けていたはずにもかかわらず、このときはやはり本人も疲れていたのか、急に眠気を感じたためカーテンを閉めないでそのままベッドに入って眠ろうとしたそうです。

そして、瞼《まぶた》が重くなってきてすぐに目をつむったのですが、直後に瞼を通してもわかるほどに部屋の中が明るくなったので、仰向けになったまま目を開けてみると……。

な、な、何と、カーテンを開けたままの窓の外から強い光度の不思議な光が射し込んできていたので、あの近づいてきていたＵＦＯがペンションの庭の上までやってきたのではないかと思えたとのこと。

当然ながら、ここでガバッと起き上がって窓の外を確かめるはずだったのですが、不思議なことにこのときは睡魔のほうが強くて何故かそのまま目を閉じて眠ってしまったといいます。

そして、次に目が覚めたときにはもう朝になっていたのですが、ふと気がつくと首の後ろ側が痛痒くなっていたというわけ……。

なるほど、前夜にそんなことがあったというのであれば僕が、

「夜中に寝ている間にＵＦＯにさらわれたのでは」

などと口にしたのもあながち冗談とは思えなかったはず。

すべてを聞いた僕は、

「昨夜遅くにＵＦＯが怪光線を部屋の中に照射して意識不明にさせたところで、Ｕ

ＦＯの中に移設して、何か生体情報を首の後ろ側から読み取ったのかもしれないな」

などと、１階の食堂の中でも話し続けていました。

そのタイミングで最後に二人の寝坊組が朝食を取りに降りてきたと判断したペンションのご主人が、二人分の食事をお盆に載せて厨房から出てきてくれました。

当然ながら僕の大きな声が耳に入っていたようで、ご主人はテーブルについていた僕と秘書の前に置かれていたコーヒーカップにコーヒーを注ぎ足してくれた後、次のような驚くべきことを教えてくれました。

それは、前夜ご主人がお風呂場の清掃の後に厨房で朝食の仕込みをしてから食堂のテーブルを整えていたときのこと、食堂の外に広がるペンションの前庭が急に明るくなったので、

「またＵＦＯがやってきやがったな！」と思ったということでした。

そう、このペンションにはこれまでも深夜にＵＦＯがやってくることが時々あったというのです。

ですから、ご主人にとっては前夜のことは格別驚くほどのものではないので、窓から庭先を見ることもなく、そのまま照明のスイッチを切って食堂を後にしてご自分の部屋で眠りについたとのこと……。

はたしてそれはアブダクションだったのか？

そんなご主人の話を聞いた僕は、これはどうも前夜にやってきたＵＦＯによって、２階の庭側の部屋にいた秘書がアブダクション（誘拐）された……つまり宇宙人によってＵＦＯの中で何らかの生体情報を読み取られたり書き加えられたりしたかもしれない、と思い始めたことはいうまでもありません。

もちろん、本人をむやみに心配させるわけにはいきませんので、決して表情や口には出しませんでしたが……。

ポーカーフェイスで朝食を済ませて部屋に戻って荷物をまとめ、出発の準備を整え、ペンションの皆さんにご挨拶し、駐車場に向かいました。

この日は神鍋の山間部を出発して岡山に戻るだけの予定だったのですが、朝食のときにご一緒した親子が教えてくれた、日本海に面する絶景地に立ち寄ってから岡山に向かうことにしました。

手に入れたばかりのＣＬＳ３５０の運転席には秘書の子が座り、僕は助手席に収まります。

後はいつものように楽しく笑いながら走って岡山にたどり着くだけのはずだったのですが……、ここから何か雰囲気がギクシャクし始めてしまいます。

走り始めてから30分以上も黙ったまま運転していた秘書の子は、外の景色に対する僕の軽口に対しても、相槌すら打たず無視し続けていました。

その表情にもいつもとは違う、暗く硬い雰囲気が出ていたため、結局のところ僕のほうもそれ以上には声をかけられなくなり、車内の空気がだんだんと悪くなっていきます。

いったい全体、どうしてこんなことになったのかまったく理解できないまま時間だけが過ぎていくなか、秘書の子は時折口を開いて必要なことだけは声に出すようになったのですが、それでもギクシャクしたままです。

道路の選択や途中に日本海を展望できる景勝地に寄ったときも、さらには岡山への帰路に遅い昼食を取るために立ち寄った高速道路のサービスエリアでも、何かと僕の行動に対して批判めいたというか、文句とはいえない程度ですが、本人から見て納得していない雰囲気を出していたのです。

そんな様子は、その日の夕方に岡山に到着してからも続きました。

それでも少し日が経てば自然に元に戻るだろう、と軽く考えていた僕が甘かったようで、その後も何故か互いにうまく話も気持ちも通じず、すれ違いが目立ってきてしまいました。

むろん、そんなことは僕の本意ではありませんので、何とかコミュニケーションしようとはするのですが、すべて空振りに終わってしまいます。

こうして2週間ほど経った頃、行き違いはついに最高潮を迎えてしまい、そのときも車で向かっていた目的地を目前にしたところで秘書の子が車から降りてしまい、一人で電車と新幹線を乗り継いで岡山に帰ってしまったのです。

さすがに、これには僕も本当に参ってしまいました。


事がここまできてしまったなら、必ずや原因は僕自身の言動にあるはずだと考えた僕は、その後頭を捻り続けたのですが、どうもピンとくるものが浮かんできません。

こうして頭を悩ませる日々がさらに2週間ほど過ぎたとき、朝起き抜けにひとつの考えが頭をもたげます。


それはやはり、ちょうど1ヶ月前の神鍋のペンションでの出来事です。秘書の子が宇宙人によるアブダクションにより、首の後ろ側から何かの神経的操作をされた可能性が否定できないと僕が冗談半分でビックリしてみせたことでした。

直後から本人に心配させないようにその話題を避け続けていたため、僕もそんなことがあったなどということも既に忘れてしまっていたのですが、1ヶ月が経とうとするその日の朝に、突然思い出した勢いで閃いてしまったのです。

きっと、秘書の子はUFOの中で宇宙人に何か神経的な処置を施されたために、その副作用として、例えば脳内ホルモンのうちのセロトニンやオキシトシンの分泌が一時的に少なくなってしまった。そのために、気分が刺々《とげとげ》しくなり、僕のいうことやすることのすべてが気に障るようになったために頻繁に苦言を呈するようになってしまったということは考えられないだろうか……？

そう、この1ヶ月間における僕と秘書の子の間のギクシャクとした交流の原因は、あの神鍋の山間部のペンションで、本当は僕に割り当てられていた庭側の部屋を秘書の子に譲ってしまったために、深夜にＵＦＯに拉致されてしまったことにあったのです！

……と、すべてを理解した（？）僕は、しかしながら急に怖くなってしまいました。何故なら、本来はこの僕が眠ることになっていた部屋に秘書の子が代わって横になっていたのですから、宇宙人による今回のアブダクションのターゲットはこの僕だったのではないかと思えたからです。

そういえば、そのさらに2週間後に僕は、シリウス宇宙艦隊司令官アシュターと対談する予定になっていました。そんな世紀の対談がうまくいって、実り多い成果が生まれて、地球や宇宙の平和が実現されることになったら困る宇宙人も地球にやってきているのかもしれません。

そんな性根の腐った宇宙人が、僕自身を精神的に刺々しくさせることでアシュター司令官との対談がうまくいかず、途中で物別れに終わってしまうように目論んだのではなかったのか?!

それが、単に星やＵＦＯをよりよく眺められるだろうからと気を利かした僕が、秘書の子と部屋を交換したがために、間違って僕の代わりにアブダクトされ、神経操作されてしまった……。

そう考えると、やはりかわいそうなのは秘書の子であり、悪いのはいつものように僕、保江邦夫だったのです。

第９章

龍神の助け

佐藤守空将と佐藤栄一宮司

節分の朝。この冬、初めて朝6時に自然と目が覚める。

結局のところ、正月以降はかれこれ1ヶ月も咳と痰、さらには大量の鼻水に悩まされ、深夜3時には必ず激しく咳き込んで目が覚めてしまう毎日だったため、その夜も極度の睡眠不足のはずだったのですが、思いのほかスッキリしていました。

朝の寝起きの瞬間に何らかの啓示や閃きに似たイメージが降りてくることがときどきあるのですが、このときもご多分に漏れず、最初に瞼を開くその裏側に懐かしい残像がかすかに漂っていました。

それは今から10年以上も前のことになりますが、航空自衛隊を退官された元エースパイロットの佐藤守空将に教えていただいた、宮城県石巻市にある「天津神大龍神《あまつかみだいりゅうじん》宮《ぐう》」の佐藤栄一宮司のお姿です。

いつもながらのアポなし大突撃をしでかした僕・保江邦夫でしたが、何故か僕が美人秘書を伴って現れるのがおわかりになっていたようで、長い石段を上りきる直前に前方を見上げると、若い神職が仁王立ちで迎えて下さり、石段最上部で幣《ぬさ》を振ってお祓いしていただけたのでした。

その後、通された本殿の中では、単に宮司様にお目にかかりたかっただけの僕と、さらに美人秘書にまで大龍神宮の正式参拝をさせていただいたのですが、僕達はそのとき初めて「龍神」というものの存在をこの身をもって物理的に知ることになったのです。

そもそも、そんな神社の存在と宮司様に降りている龍神様のことを教えて下さった佐藤守空将の話が凄すぎるのですが、これについてもここでお伝えしておかなくてはなりません！

何しろ、佐藤空将の眼前で起こされた龍神様の奇跡と、今回僕がカミングアウトする奇跡は、航空自衛隊の花形として各地の航空ショーで見事な編隊飛行を見せてくれるブルーインパルスが重要なキーとしてつながっているのですから！

龍神とブルーインパルスの奇跡

それはブルーインパルスの部隊が所属する航空自衛隊松島基地（宮城県）の司令官だった頃の佐藤守空将の身に起きた、ちょっとあり得ない奇跡的出来事。

沖縄の航空自衛隊嘉手納基地の司令官として栄転されることになった佐藤空将。ちょうどその頃、「ブルーインパルス」の三代目機種であるT—4が採用されることになり、二代目機種であるT—2からの交代式（航空祭）が松島基地で執り行われることになったときの話です。

その2日前のこと、基地の気象予報官が慌てて司令官室に飛び込んできたそうです。

聞けば、2日後に予定されている交代式の日は朝から終日激しい雨（もしくは雪）となり、このままでは松島基地ならではの目玉となっているブルーインパルスの飛行が中止の憂き目にあうとのことでした。

これは大問題と困り果てる司令官付の幹部隊員の中に、一人発言を求めた自衛官がいました。

その話によると、石巻市内で家具の製造販売を営む家具屋の社長さんに龍神が降りてくるようになり、その龍神に願えば何でもかなうと評判になっているとのことだったのです。

司令のご許可をいただければ、これからその社長さんに会って、「2日後の午後一番、ブルーインパルスが飛ぶ予定時間に基地上空だけでも雨が止むようにしてくれないか」と依頼してくるというのです。

その隊員に向かって佐藤司令は、それでは自分も龍神にお願いすることにしようと告げ、「天津神大龍神宮」の佐藤栄一宮司の元に出向き、無事に開催できるように祈願したとのこと。

そして当日。天気予報どおり、朝から土砂降りの雨。すべての式典は屋内で執り行われ、昼食時の幹部食堂では全国から集結した航空自衛隊の将官から声がかかる。

「せっかくの式典に、松島基地恒例のブルーインパルスの飛行ができないとは残念だな！」

しかし、その多くの声のトーンは、

「航空自衛隊パイロットがＵＦＯを見たなんてことを公表するからだぜ」といわんばかり。（※佐藤守 著『実録 自衛隊パイロットたちが接近遭遇したＵＦＯ』（講談社／２０１０年）はベストセラーとなっています）

だが、上からは睨まれても下には心から尊敬されてきた佐藤空将のこと、松島基地所属の隊員は全員が心をひとつにして午後一番から雨が上がってくれることを願っていました。


なかでもブルーインパルスのパイロットや整備員は、飛行予定の1時間以上前から格納庫の中で各自の機体に搭乗し、ジェットエンジンに点火して待機していたという。

部下が「雲が低くてだめです」というにもかかわらず、佐藤空将は計画どおりの準備を怠りませんでした。

こうして全員がそれぞれの思いで雨空を見上げていた午後1時過ぎ、全天を覆う厚い雨雲の中に1点、基地の滑走路上空に明るい穴が開いてきたのです。

その穴はみるみる大きくなっていき、午後1時15分頃には基地上空にポッカリと巨大な晴れ間が出現、飛行開始時間の1時半には松島基地を中心として半径数キロメートルに及ぶ青空が拡がったというのです！

その瞬間のこと、それまで格納庫に待機していたブルーインパルスの6機が隊長の指示のもと、まだまだ水浸しの滑走路から順次離陸していきます。

ジェットエンジンの最大出力排気後流が激しく巻き上げる水しぶきに真上からの日射しが当たり、まるで美しい虹のトンネルの中をブルーインパルスの全機が走り抜けながら飛び立っていきました。

そして30分ほどの飛行を予定どおりすべてこなしたブルーインパルス全機が順次着陸し、最後に着陸した隊長機が格納庫に入った直後、再び雲に覆われた基地上空から激しい雨が降り始めたというのです。

そう、佐藤守空将の龍神の霊験は本当にあらたかで、そんな奇跡をも呼び寄せてしまうのです！

その後に起きた3・11東日本大震災では、津波で行方不明となった被害者のご遺族がせめて遺体だけでも見つけたいとの依頼が寄せられ、その多くを龍神が教えてくれたということで寄進が集まった結果として「天津神大龍神宮」が、石巻市郊外の海からほど近い高台に建立されたというところまで、僕は佐藤守空将から教えていただいていました。

10年以上前に、僕と秘書がアポなし突撃をしたのがその神社というわけ。

体調悪化の僕と女性の生き霊

と、そんな昔のことなど完全に忘れていたのですが、どういうわけかこの日の朝6時に目を覚ました僕の瞼の緞帳《どんちょう》の裏におぼろげに映し出されてしまったのです。

しかも、大龍神様がとぐろを巻く姿に加えて、宮司様の東北訛《なま》りの声でさっさと来いという叱責までもが聞こえてしまう！

それで思い出したのですが、その少し前にあった忘年会的な集まりの席で、ある霊能力者の男性に強く指摘されていたことがあったのです。

普通の皆さんなら酒席の冗談だと笑い飛ばしてしまうでしょうが、僕の左肩から首にかけてもの凄い女性の生き霊が取り憑いているため、このままにしておくとドンドン体調を崩すことになるというのです。

なので、できるだけ早く除霊ができる坊さんか神主さんを見つけて祓ってもらわないとヤバイとのこと！

皆さんご承知のとおり僕はあまりにも様々な霊に取り憑かれやすいのだけど、「あんたはどんなに大量に取り憑かれても平気だから気にせんでよい」というお墨付きを霊能力者の「阿部山の婆さん」からかつていただいていたのも事実。

だからこのときもつい、

「そうかもしれませんが、僕は大丈夫みたいですから……」

などと脳天気な返事をしたことさえも忘れていたのだけど、ここのところの僕には大丈夫どころか、トンでもない日々が続いていたのです。

激しい咳と痰で毎晩2時間おきに目が覚める極度の睡眠不足。

日中もしょっちゅう咳が続き、ほとんど涙目の日常生活。

しかも、日に日に悪化していき、気力も体力も萎《な》えてしまいました。

もちろん医者にも行きました。

かかりつけの内科医院だけでなく、初めて行く耳鼻咽喉科医院の門も叩く（何と2軒も）。

レントゲンの胸部写真も、鼻の穴からファイバースコープを突っ込むなどと普段の僕なら絶対に避けるコワーイ検査の写真も、見事に綺麗で何の問題もないとのこと……。

もはや考えられるのは、「病は気から」というわけで、脳の咳喘《ぜんそく》息の記憶によって症状が誘引されているのではないかということになります。

その結果処方されたのは……な、な、何と、薬用大麻成分が入った脳を緩める(?)あるいは騙《だま》す(?)薬!

ところがそれすらも、僕の既に縮み始めた脳にはまったく効果がなく、結局咳や痰の症状はますますひどくなり、近所にある行きつけのスペインバルのシェフなどは、そのうち死んでしまうのではないかと、内心とても心配してくれてもいたようです。

1ケ月以上もそんな苦しみを抱え込んだまま不安な日々を送っていた2月3日節分の朝6時のこと。起き抜けに石巻の天津神大龍神宮の龍神様と宮司様にカツを入れられてしまったのでした。

こうしてついにカンネンした僕は、この異常にひどい咳と痰の症状は単なる病気などではなく、霊能力者に年末に指摘されていたとおり、何かの霊に取り憑かれているためなのだと納得。

一刻も早く石巻まで行って除霊をお願いするしかない!

手帳を見ると、その日は午後から横浜で講演会があり、次の日の日曜日は昼から夕方まで東京道場での稽古。その後も出版社での収録や打ち合わせの予定が目白押しで、唯一空いていたのが2月5日の月曜日……。

こうして僕は決意する。2月5日の朝には東北新幹線に乗り込み、仙台経由で石巻の天津神大龍神宮まで日帰り除霊旅行に行くのだと！

石巻「天津神大龍神宮」へ日帰り除霊旅

そして、当日の朝。

いったんは7時頃に目が覚めたものの、久し振りに丸一日空いているのだからこのまま一日中ゴロゴロと休んでおくほうが体調回復につながるのではという、至極まっとうな考えが頭をもたげてくる。

せっかくの休日をつぶしてまで日帰り強行軍で宮城県の石巻まで行くというのでは、さらなる体調不良を招いてしまう……。

そんな悪魔の囁《ささや》きが耳元をかすめるたびに、再び目を閉じて眠りにつこうとするのだが、やはり激しい咳込みがそれを許さない。こんな調子で一日中横になっていたところで、とうてい身体を休めることにはならないだろう。1時間以上もの悪魔との闘いにケリをつけたい一心で起き上がり、気だるい体と心に鞭打ちながら顔を洗うのでした。

いつもの半袖Tシャツだけでは2月の北国には太刀打ちできないと思い、セーターを着込んでの革ジャンスタイルで初めて下ろした雪靴を履いた僕が、朝食のために白金のいつものイタリアンカフェ「ドロゲリア サンクリッカ」に立ち寄ったとき、顔馴染みの店長さんが一瞬ニヤリ。その日2月5日は、東京中心部でもかなりの積雪が予想されていたのだが、いくらなんでも朝から雪靴までは必要ないだろうというわけ。いや、今日はこれから宮城県の石巻まで日帰りするんですよと伝えた直後、そういえばいくらアポなしで突然大龍神宮に参拝するとはいえ、何か御供えものを用意しなくてはと思い立つ。

そのカフェでお昼に時々飲ませてもらうことがある直輸入のイタリアワインを紅白

1本ずつ箱に入れて売ってもらえるかと聞いたところ、店長は快く応じてくれました。いつもどおりクロワッサンをカプチーノに浸して5分で朝食を終えた僕は、店長に見送られながらタクシーを拾ってJR品川駅を目指しました。

9時半には品川駅のみどりの窓口にたどり着き、自動券売機でこれから間に合う東京駅発の東北新幹線の指定席券を手に入れ、山手線に飛び乗ります。本当に久し振りの東北新幹線は、もの珍しさもあって仙台駅までの1時間半があっという間でした。お昼過ぎには仙台駅のローカル線乗り場で石巻行きの仙石《せんせき》線普通列車に乗り込んだのですが、行けども行けども石巻には着きません。そうです、「すべての駅に止まる」各駅停車の電車だったのでした。

かれこれ1時間以上座り続けた頃に、ようやく有名な松島海岸の島並みが車窓に拡がったところで一応は安堵《あんど》できたのですが、車内に残っているのはホンの数人程度。そんな余分のことまで考えながら、時間が極端に遅く流れているかのように感じる車内から外の景色を眺めていた、そのとき!

目の前を轟音《ごうおん》とともに白煙をたなびかせながら、ブルーインパルスの３機編隊が見事な密集飛行で列車の右上方を追い抜いていったのです！

ブルーインパルスのお出迎え！

大慌てでカメラを向けながら注視していると、ずっと先に見える石巻の街並みの上空に差し掛かったところで密集編隊飛行を解いた３機が互いに離れながら急旋回していきます。

その様子を車窓から見やっていた僕は、あまりの衝撃に茫然としてしまう。

何故なら、石巻上空にブルーインパルスが白煙で見事に描いてくれたのは、紛れもない白い巨大な龍の姿だったのだから!!!

佐藤空将から教えていただいていた、土砂降りの雨の日にブルーインパルスを無事予定どおり飛行させるという奇跡を授けて下さった龍神様に除霊をお願いしに石巻までやってきた僕が、もう少しで目的地に到着するという見事なタイミングで、列車上

撮影：保江邦夫

空にブルーインパルスが巨大な龍を描いてくれた！

そう、神様の御働きは1分1秒も狂わないのです！

これから龍神に除霊をお願いしに行こうという僕の目の前で、曇天《どんてん》の大空という銀幕に巨大な龍が目的の神社に帰還する雄大な姿が映し出される……。

当然ながら僕は狂喜乱舞!!

無理もない、こんな奇跡をまた授かったのだから。

これから参拝する天津神大龍神宮でお願いする除霊も必ずやうまくいくに違いない！

僕は一人舞い上がり、こぼれそうになる涙

を落とさないように、今にも雪が降り始めそうな空を見上げるのでした……。

後日、旧知の元航空自衛官の方にその写真を見せながら、まだまだ興奮さめやらぬ口調でこのときの一部始終を語ったとき、僕は再度これが奇跡以外の何ものでもないことを知ります。

その方が教えてくれたことには、松島基地でブルーインパルスが訓練飛行する場合には航空ショーなどの本番の曲芸飛行のときに航跡を描く白煙は流さないというのです。

近隣の住民から洗濯物や自家用車に白色のペイントが付着する（実際はそんなことは起きないらしいが）という苦情が寄せられるためだという。

だから、松島基地上空をブルーインパルスが訓練飛行する場合には白煙の航跡は描かれません。

にもかかわらず、僕が2月5日にまもなく石巻に到着しようかという絶妙のタイミングで列車の右上空をブルーインパルスが密集編隊飛行してしてくれたときには、明らかな白煙航跡で巨大な白龍を描いてくれたのです！

龍の胴体だけでなく、ちゃんと龍の角や髭《ひげ》までも！

期待で胸を大きく膨らませながらＪＲ石巻駅に降り立った僕は、初めて天津神大龍神宮に参拝したときと同じように、駅前でタクシーに乗り込みました。

東北訛りがまったくわからない僕一人での石巻への旅。今回は美人秘書のエスコートがないため本来なら心細さが先立つはずですが、れっきとした龍神のエスコートがついていると確信した僕に恐いものなどあろうはずもありません。

まさに威風堂々、いざ、天津神大龍神宮へ！

龍神様の御祓いで魂が揺れた

そもそも10年ほど前に初めて訪れたときも、アポなしだったにもかかわらず若い神官が石段の上で仁王立ちの状態で出迎えてくれたのですから、ブルーインパルスまで動員してくれた今回は宮司様自ら仁王立ちに違いありません。

そう確信して長い石段を上っていった僕は、しかし最上段で途方に暮れることになりました。

境内は静まりかえり、本殿も社務所も人の気配が皆無！　遠方からの参拝客が集中する日曜明けの月曜日ということで、まさか無人?!

最悪の結末までも頭に浮かべながら、僕はおそるおそる正面の扉越しに本殿の中を覗き込みます。

すると、左端の座敷でかっぽう着姿のお手伝いさんのような女性が座卓の上で手を動かして何か作業をしているのが見えました。

明らかに一人で神社の管理を任されているように映ったため、その日は御祓いなどの御祈祷は望めないと半ば観念しましたが、せっかくここまで来たのだから、せめて白金のカフェで調達した紅白のワインを御供えとして御神前に納めさせていただこうと思い、その女性に声をかけたのです。

その女性は振り向いて僕の姿を認めると、そのまま奥に姿を消し、入れ替わりで白装束の若い神官が出てこられました。

「保江先生！　今日はいったいどうされましたか?!」

10年ほど前に初めてやってきたとき、石段の最上部で仁王立ちになって出迎えていただいた神官、その人でした。

懐かしいお顔を拝むことができた僕は、これで最悪の事態だけは免れたと安堵し、またしてもアポなしの非礼を詫びつつも早口で用件をお伝えします。

ところが、ｂｕｔ、しかし！

若い神官はお困りのご様子。なんと宮司様は社長を務める家具屋の工場にいて、今日は大龍神宮には出てこられないという。

しかも、宮司様がいなければ御祈祷もできない。万事休す！

僕があまりにも情けない顔になっていたのか、神官は「ちょっと宮司に電話してみます」といい残して奥に消えます。

しばらくして現れた神官の雰囲気はかなり緊張しているようで、僕はてっきり御祈祷はやはり無理なのだと理解しましたが、そうではありませんでした。

なんと宮司様のご判断で、この若い神官がこれから初めて一人で御祓いの御祈祷をして下さることになったのです！

ブルーインパルスをあの絶妙のタイミングで登場させて下さった龍神様に、僕は見放されることはなかった!!

若い神官は初々しい緊張を表面に出したままで僕を本殿に招き入れてくれます。

「ご安心下さい。この大龍神宮での御祈祷に合わせて、工場にある元宮で宮司も御祈祷のお務めをいたします」

後で教えていただいたのですが、この若い神官は宮司様の甥御《おいご》さんだそうで、若いながらもこの大龍神宮で宮司様の右腕を務めてきただけあり、この方が本殿で、さらには同時に宮司様が元宮で、それぞれが御祓いの御祈祷をして下さっている間、本当に安堵の想いが溢れてきました。

本殿内の御神前で低頭していた僕の体だけでなく魂までもが揺り動かされるような清々しい「大祓祝詞」、その働きを直に感じ取ることができました。

御祈祷の後には、また宮司様と電話でしばらく話し合ってから本殿横の座敷で向かいに座った若い神官は、御祈祷の詳細について教えて下さいました。

今回もアポなしで突然訪ねた上に、口頭で御祓いをお願いしたいと伝えただけだったにもかかわらず、その若い神官はズバリいい当ててしまうのです。

「何か巫女的な体質の女性の生き霊が、左肩から右脇腹にかけてベッタリと取り憑いていました」

やはりそうですか、と頷く僕に、若い神官はさらに続けます。

「宮司も私もほぼ祓えたと見ていますが、もし完全に祓えていなかったときのために、今日から7日間をかけて形代《かたしろ》で祓っておいて下さい」

絶好調になった僕は高崎で雪合戦をした

さすがは天津神大龍神宮の龍神様！　宮司様達のお墨付きを待つまでもなく、僕はもう気分も身体も絶好調！　本当に石巻までやってきてよかった！

何の事前連絡もしないままに東京から出向いてきた僕を、航空自衛隊の花形ブルーインパルスが大空に龍を出現させてくれてまでの出迎えに続き、その日は宮司様がお留守だったにもかかわらず、甥御さんが初めての御祓いを授けて下さり、元宮では同時に宮司様が御祈祷をして下さったのだ！

身も心も軽くなった僕が大龍神宮に別れを告げ、1時間後に迎えにきてくれるよう依頼しておいたタクシーに乗り込んだときにようやく気づくことができたのですが、不思議なことに、いや、当然のことに、あれほど苦しかった激しい咳も痰も、すっかり治まってしまっていたのでした。

ちょうど下校時刻に重なり、地元の高校生で満員となった仙石線の各駅停車に揺られながら仙台駅へと向かいます。咳の不安が取り除かれて周囲に目を配る余裕ができ、高校生の誰もがごく普通の革靴やスニーカーを履いているのに気づきます。あ、雪靴なんて履いているのは僕だけだ。2月頭の宮城県だというのに、雪はどこにもなかったのだから……。

東北新幹線で東京に向かう車窓では、福島県に入ってから激しい雪になったのですが、車内はまったくの無関係。

ここでも僕の雪靴は浮き続けていました。

しかし栃木県に入ってからも止むことのない雪の中を疾走する新幹線の車内電光掲示板には、真っ赤な文字が流れだします。東京の都心でもかなりの降雪のために、在来線各社の路線で運休が出ているとのこと。

スマホなど持たない主義の僕にはそれ以上の情報は入ってこないため、東京駅に到着した後の混乱状態の中に突入することを考えると、急に頭がフルスロットルで動き始め、僕はある決断をし、東京のふたつ前、大宮駅で東北新幹線を降りたのです。そのままホームを移動して下りの〝上越新幹線〟に飛び乗ります。

大宮駅で降りれば群馬の高崎にたどり着けると閃いた直後、メールでかねてより交流のあった小学校の先生ご夫婦を駅に呼び出しておいたのです。改札口の外側で手を振っていた懐かしい顔を見つけてホッとした僕は、既にかなりの積雪となっていた駅前広場をおニューの雪靴で堂々の行進。

これでようやくすべてが噛み合った！

気分が高揚し、雪見酒としゃれ込みたくなった僕は寿司屋を物色。地元のご夫婦お気に入りの店の個室に陣取ります。

海辺の石巻で海の幸に目もくれなかった直後、わざわざ海のない群馬県までやってきて海鮮や寿司を摘むというのもいささかバカ丸出しかもしれないが、これもその冬で初めての銀世界に迷い込んだ影響だったのかもしれない。

龍の子を託されて海鮮を食べたくなった僕

雪見酒が回るにつれ、その日に起きた奇跡の話を向かいに座ったご夫婦に語って聞かせ、寿司屋の個室はまるで龍神様に温かく抱かれたかのように、ほのぼのとした空気で満たされていきます。

なるほど、決して魚介類やお米が好きなわけではない僕が、わざわざ海のない高崎までやってきたあげく寿司を所望するというのは……、ひょっとすると石巻の天津神大龍神宮の龍神様が10年ほど前に初めて行ったときと同様に、今回もまた龍の子を託してくれたのかもしれない。

その龍が龍宮城である宮城県の海沿いで馴染んでいた海鮮を欲したからこそ、その夜はどういうわけか寿司屋に行きたくなったと考えると、妙に腑に落ちます。

海の幸を肴《さかな》に雪見酒を堪能したにもかかわらず、やはり本来の嗜好を取り戻した僕は、チーズか牛肉でワインを飲みたくなり再び雪がシンシンと降りしきる駅前広場に出ます。

瀬戸内気候の岡山で育った僕は、積雪の場面に出くわす度に雪合戦をやってしまうのですが、このときも例外ではありませんでした。

本当に久し振りに雪を手で固めた僕は、子ども心を満喫しながら高崎のご夫婦が差す傘目がけて投げていきます。

道行く地元の人達からは、大の大人が何をバカなことをやっているのかという非難めいた視線を送られていましたが、龍神様の奇跡をいただいたばかりの僕は、そんな世俗めいたことなどちっとも気にもならないのでした。

こうして、我が人生最良の日は降り続く雪とともに更けていき、翌日の昼前に高崎駅で東京行きの上越新幹線に乗ったときには雪も止んでいました。車窓の景色は東京駅に到るまで白一色ではあったのですが、既に交通機関は平常どおりの運行に戻っていたようです。

前日の決断は実によかったと思い返していた僕は、ふと重大な事実に気づきます。な、な、何と、前夜は途中で激しく咳き込むこともなく、朝まで通して眠ることができていたのです！　実に3ケ月ぶりの安息でした。

やはり天津神大龍神宮での御祓いが効いていたのだ！

同時に、今後1週間にわたって毎日1枚の形代を用いて自分で御祓いを続けなければならないと若い神官にいわれたことも忘れてはいません。

それから毎日、僕は陰陽師の作法に則って、毎日1枚の形代に生き霊を巻き付け、川の水に流していきました。

その最後の1枚を流した直後のことです。

それまでで最も苦しいほどの咳込みとともに大量の痰と鼻水が出たかと思うと、痰と鼻水それぞれに交ざった形で、まるでSF映画に出てくる宇宙ヒトデの如き異形《いぎょう》の物体が出てきたのです！

その瞬間、それまで左の鼻の穴の奥と喉の奥とにあって、どうしても取り除くことができなかった閉塞感が完全に消えてしまいました。と同時に、喉の奥にあった痒みもなくなり、本当に数ヶ月ぶりにさわやかな空気を思い切り吸い込む爽快感に浸ることができたのです！　イヤー！　爽快爽快！

第 10 章

荒療治の末に

大阪の秘書が喘息の原因を探り当てる

天津神大龍神宮で僕に取り憑いていた生き霊を祓っていただいてからは、昼夜悩まされ続けてきた咳喘息もピタッと止まっていたのですが、数ヶ月を経たこの頃は新たな生き霊が性懲りもなく僕をターゲットにしてきたのか、再び咳き込む日々が始まっていました。

それをあざけるかのようにその頃から僕の周囲にＵＦＯが頻繁に出現してきたわけで、これはひょっとして僕の喘息症状とＵＦＯに何らかの関連があるのだろうか?!

……と、激しく咳き込みながらもそんなことを考えていました。

神戸での毎月定例の講演をこなしていたときに、僕は口にこそ出しませんでしたが「なんで講演前に治してくれないんや！」という理不尽な怒りを大阪の美人秘書にぶつけている自分に気づきます（あくまで腹の中でですよ）。

実はその子は鍼灸師を生業としているのですが、日々の精進の結果、最近では遠隔治療や霊的治療までもこなしてしまうようになり、患者さんからひっきりなしにお声がかかるようになっていたのです。

そんなとき、都内中心部の神社で毎月開催している伯家神道の御神事に大阪の秘書がフラリと参加してきました。京都での御神事には毎回欠かさず参加してくれていたのですが、東京には本当に久し振り。まあ、何かほかに東京で用事があったついでのことだろうと思った僕に向かって、彼女はしかしまるでマリア様になったかのような言葉を投げかけてくれました。

「せんせ。明日は西伊豆のホテルから富士山を眺めながらゆっくり治療しませんか。名古屋の秘書も呼びますから」

それを聞いた僕はもう、まさに飛び上がらんばかりで、

「エッ！　3P治療?!」

などと余裕の洒落心で最大限の嬉しさを表す始末。対する秘書の子は、

「何をいってるんですか！　京都の御神事や神戸の講演の前後1時間程度の治療では今回の症状はとても回復しないとわかっていたから、これまで手を出さなかったんですよ。やっと丸2日間休みが取れたので、温泉でゆっくり時間をかけて治療させて

いただこうというだけです。でも、露天風呂は足湯までですからね！」

とピシャリ。

とはいえ、やはり鼻の下を伸ばした僕は、翌朝の月曜日のお昼に大阪と名古屋の秘書二人を乗せた愛車ミニクーパーで一路西伊豆へと向かいます。ランボルギーニばりのエンジン音を鳴り響かせながら天城峠を攻め続け、午後3時半には駿河湾越しに富士山を望む小さなホテルに到着。さあ、いよいよ3P治療ならぬゆっくり治療の始まり、始まりー。

夕食前の2時間を使って大阪の秘書が僕の治療をしてくれるのを横目に、テラスチェアーに座っていた名古屋の秘書は既にビールのグラスを手にしていました。まさか大阪の秘書もグラス片手に治療をするのではないかと思った僕が視線を動かしてみると、な、な、何と、グラスこそ手にしていないのですが畳の上に横たわっている僕から1メートル以上離れた場所に座って何やら両手を空中でコネコネと動かしているだけ！

エッ、エーッ、これが待ちに待ったゆっくり治療⁉　喘息症状で苦しみ続けているわけだから、せめて添い寝した手を胸板に優しく這わせるくらいの配慮はあるだろうという淡い期待は完全に裏切られたわけ……。

観念した僕がせめて運転の疲れを取ろうと目を閉じて午睡に突入しようとしたそのタイミングで、大阪の秘書がいつもよりキッパリとした口調で声を掛けてきます。

「せんせ、やはり思っていたとおりですよ。生き霊なんかはほとんど祓われてしまっていますし、身体にはどこにも問題はありませんでした。つまり、先生の喘息っぽい咳が続く原因はこの地球上には見つかりません」

ちょうどウトウトとし始めたときに、そんなことをいわれた僕の頭の中は当然ながら「？？？」なわけで、思わず、

「じゃあ、どうすればいいの……？」

などと弱々しく応対するのがやっと。弱音を吐いたボスを叱咤しなくてはと思ったのか、大阪の秘書はビシッと追い討ちを掛けてくるではありませんか。

「地球以外の範囲まで調べてみたところ、シリウスのときのことが未だにトラウマ

になっていて、それで今この地球上で激しい咳込みが止まらないだけのことです！」

シリウス時代のトラウマ……それを聞いた僕の脳裏にあのぶっ飛んだ記憶がフラッシュバックしてきます。そう、伯家神道の先代の巫女様に教えられてから、数年に1回程度の割合でフラッシュバックしてくる、あの忌まわしい場面……。

ここで読者諸姉諸兄のために、ひとつの物語としてまとめておきましょう。遠い過去の話でも、遠い宇宙の話でもなく、今ここ地球上の世界と重なりながら別次元の世界において同時並行で進行しているもうひとつの心のストーリー。

シリウス時代のトラウマ「オリオン大戦の悲劇」

プレアデス星団の文明とオリオン座の帯に位置する3個の恒星の近傍で激しい戦闘を続けていたシリウス連星系宇宙連合側にいた僕は、宇宙艦隊司令官として艦隊旗艦の艦橋から作戦指揮に携わっていた。

戦況は宇宙連合に不利で、このオリオン大戦を落としてしまったならシリウス連星系文明はまさに風前の灯火となることは火を見るより明らかだった。

ここが踏ん張り処だと艦橋に立っていた司令官の耳に、敵ミサイルにロックオンされたことへの警告音が飛び込んできたとき、既に回避行動が間に合わない位置にまで艦橋直撃コースのミサイルが迫ってきていた。

己の運命が尽き果てる瞬間を覚悟したそのとき、護衛戦闘機の1機が猛スピードでミサイルに向かっていく。直後、艦橋の前面で大爆発が起きる。間一髪で直撃だけは免れたものの、至近距離での爆発の影響で旗艦の星間航行制御機構の約半数が失われてしまい、艦隊司令官を早急に安全な宙域に避難させる必要が生じた。

シリウス連星系に向かうのでは途中でプレアデスの陣営を通過しなくてはならないので、やむを得ず三角形の2辺を進む経路が選ばれた結果、まずは亜光速脱出ポッドで太陽系の惑星・地球まで避難し、その後に時を見てシリウスまで戻るということになる。

こうして、脱出ポッドのパイロットの操縦で地球へと逃げ出した司令官不在でのオリオン大戦で、シリウス宇宙連合は大敗を喫してしまった。そのため、プレアデスの覇権はシリウス連星系の近くにまで及び、連合陥落までのカウントダウンを止めることさえできない状況に追い込まれてしまう。

せめて自分がシリウス連星系に戻れてさえいれば、まだまだプレアデスの連中を撃退できるものを、こんな地球でくすぶっていたのではどうにもならない！

そんな忸怩《じくじ》たる思いを募らせて地球に残されたままの司令官の運命や如何に……?!

＊＊＊＊＊＊

如何でしょうか？　実は、大阪の秘書にきつくいわれてしまった「シリウスのときのことがトラウマになっている」という意味は、別次元で地球に逃れてきたまま八方塞がりとなった司令官のこの次元での分身というか分霊であるこの僕の、心の奥底に巣くう自己嫌悪感のことに他ならないのです。

秘書の子の指摘によれば、このトラウマが原因で激しく咳き込む発作を抱え込んでいるというのです。

こんな異次元の悪夢を背負ってこの地球次元に生きる僕は、ほぼあきらめきった表情で秘書に念を押してみました。

「つまり、その、このしつこい喘息症状は永久に治らないわけ?」

それに対して、大阪の秘書は不思議にサバッとした表情でいいのけてしまいます。

「いえいえ、すぐに治せますよ。生き霊を祓うよりずっと簡単ですし。あのシリウスの頃のトラウマを消してしまえばよいだけですから」

湾岸戦争やアフガン侵攻のときの米軍将兵が被ったトラウマですら未だにアメリカを蝕《むしば》んでいるというのに、この僕のオリオン大戦トラウマを消すなんてできるはずがない。そんな心の中を見て取った秘書の子は、

「地球外の宇宙次元と未だに気持ちがつながっているからトラウマになっているだけですから、この際ひと思いにシリウス宇宙連合を完全に消滅させてしまえばよいのです。プレアデスによってシリウス連星系が破壊されてしまう現実を選んでしまえばあきらめもつきますからね」

と涼しい顔。

「エッ、エーッ?!　シリウスを消滅させるの?!　いったい、どうやって???」

シリウス宇宙連合は消滅させることにした

追いすがるかのような僕の当然ながらの質問に対して、いつもの凛とした表情に戻った秘書はサラリといいのけてしまいます。

「何、おっしゃっているんですか。せんせが研究なさっている素領域理論を思い出して下さい。あらゆる過去も未来もすべての可能性が多重に畳み込まれた次元の間を彷徨《さまよ》っているのが今の世界なんですから、過去の世界だと思っているシリウスの頃の可能性として、プレアデスによって完全に消滅させられた世界を今選ぶだけでよいじゃありませんか！」

確かに、僕が長年研究してきたこの宇宙とその背後に潜む素領域の多次元多重構造を見極める形而上学的素領域理論においては、そもそも時間は存在せず、過去や未来はすべて今現在の世界に重なって存在する多次元にちりばめられた様々な可能性の世界にほかならないわけで、その数多《あまた》ある可能性の中から「シリウス宇宙連合がプレアデス文明に負けて消滅させられてしまった世界」が自分の過去となってしまえば、確かにあきらめもつくのかもしれない。

だが、ｂｕｔ、しかし！

それはあくまでも理論上でのことであり、実際にどうやればそんな可能性のひとつを選んでこの僕の過去の世界にしてしまうことができるのか、まったくもって不明。

僕はさらに弱音を吐くことになる……。

「理論的にはそうなんだけどね……いったいどうやったら別の可能性の世界を選べるのかがわからないんだよ……」

すると、大阪の秘書はキッパリといい切ってしまいます。

「せんせが今決断して下さるだけでよいのですよ。後は私が一瞬で変えてしまいますから」

それを聞いた僕の心の奥底には、

「今この地球上の世界で生きている僕がしつこい喘息症状から解放されるなら、シリウスのひとつやふたつ消えてしまってもぜんぜん問題ないじゃないか！」

という悪魔の囁きが木霊《こだま》します。そんなわけですから、再び秘書に、

「どうなさいますか、せんせ？」

と詰め寄られた僕は、当然ながら軟弱極まりない身勝手な情けない男丸出しの返事を口走ってしまいます。

「今の僕がしつこい喘息から解放されて楽に生きていけるようになるなら、シリウス連星系なんかサッサとぶっ潰してよ！」

それを聞いた大阪の秘書は、待ってましたとばかりに、

「わかりました、では！」

というが早いか、何やら空中をボンヤリと眺めるかのような顔つきとなったかと思うと、親指と薬指でパチンと鳴らしました。キョトンとしてそれを見ていた僕を見据えた秘書は、

「はい、これでもうシリウス宇宙連合は母星をなくしてしまい、シリウスの女帝始

め、かろうじて生き残った人々も故郷を失って、多次元宇宙の中をせんせのように彷徨っていることでしょう。なので、もうせんせが気に病むことは何もありませんからね」

と告げたかと思うと、サッサとテラスに出ていって名古屋の秘書とビールを飲み始める始末。

何がどうなったのかもわからずじまいの僕は、夕食前に残された小一時間で頭を休めようと、目を閉じて惰眠をむさぼり始めます。二人の美人秘書にそれぞれ左右の耳元で囁かれた形で目覚めた僕は、両脇を看守に固められた服役囚であるかのように、フラフラしながらホテルの食事処へと連行されました。

幸いにもフランス料理をベースにした和風テイストの夕食メニューは僕の大好物ばかりが並び、冷えたシャンパンと白ワインで心地よく時が流れます。「先生、先生……」と呼びかける二人の美女に囲まれてデレデレとワイングラスを傾けるオヤジは、ホテルの従業員には如何に映っていたのかなどと考える間もないほどに気分よく酔いしれていきました。ワインの残りとスペイン産ビールの大瓶までも抱え込んで部屋に戻ったところで、僕はやっと重大な事実に気づくことができました。

そう、魂の故郷ともいえるシリウス連星系を消滅させるという荒療治のおかげ（？）なのか、夕食前からこのときに到るまで一度たりとも咳き込むことなく、喉も絶好調なことに！

食事の量もこれまで以上に増えた上に、部屋にボトルを持ち込んでまで酒池肉林の二次会に突入しようという気にさえなっていることからも、体調が完全に戻っていることがわかったのです。

大阪の秘書の子も、

「ほら、せんせ、シリウス時代への忸怩たる思いを断ち切ってしまえば、咳なんか出てこないでしょ」

などとサラリといってのけながら、

「さあ、皆でテラスに出て足湯しながら飲んでましょ。夜空にＵＦＯが出てくれるかもしれませんからね」

と提案してくれるのでした。

10年ぶりの「次元転移」

さらに大阪の秘書は、何を思ったのか突然素っ頓狂な声を向けてきます。

「あ、せんせ、せっかく体調万全な状態に戻ったんですから、ほら、ちょっと『次元転移』久し振りにやってみて下さい。トラウマをなくしてパワーアップしてるはずですから、以前よりも凄いんじゃないですか？　ここの空間がどうなっちゃうのか、楽しみ！」

そういえば、喘息症状に悩まされるようになってこのかた10年ほどの間、15年ほど前に行ったギザの大ピラミッドの王の間で授かってしまった能力「ピラミッド次元転移」略して「次元転移」など一度も使っていなかったのです。

この「次元転移」なるものを手にすることになった経緯については、東京の美人秘書がまだ美人編集者だった頃に編集出版に携わってくれた拙著『伯家神道の祝之神事を授かった僕がなぜ―ハトホルの秘儀 in ギザの大ピラミッド』（ヒカルランド）に詳しいのですが、初見の読者のために一言で説明すると、「いつでも好きなときに自分がいる場所を高次元で大ピラミッドの王の間につなぐことができる能力」のことに他なりません。

そのやり方というのは、実際に王の間の中で姪を相手に「ハトホルの秘儀」を行ったときのことを思い起こすだけ。そう、そんな簡単な方法で僕がいる場所がピラミッド内部と重なってしまい、そのときに必要とされる奇跡的な出来事が成就するのです。

もちろん、このときは何も奇跡など求める状況ではなかったのですが、今や「恩人」となってしまった大阪の秘書のたっての望みということで、ともかく本当に久し振りに「次元転移」を発動してみたのです。

そして、僕がギザの大ピラミッドの王の間の中で姪とハトホルの秘儀に挑んだときのことを思い出していったのですが、そのときの変化については現場にいた3人がすぐに気づいてしまうほどに明らかなものとなったのです。

アインシュタイン博士の一般相対性理論ですら宇宙規模での空間変容が時間だけでなく重力の変化につながることを明らかにしたのですが、素領域理論においてはそれが日常的規模や素粒子レベルであっても生じることが理論的に示されています。それが日常的規模で確かめられた形となったのですが、僕がハトホルの秘儀を思い出していた時間は延び、重力は弱くなっていたことを物語る現象が起きていたのです。つまり、掛け流しのお湯が露天風呂の水面に落ちて発生する音が、僕が次元転移を始めたときから終えるまでの緩やかな時の流れの間だけ小さくなっていました……。

これを真っ先に指摘した大阪の秘書は、僕が目を開けて次元転移を止めた直後に、

「やはり凄いですね、せんせ。お風呂に落ちる水の音が次元転移の間だけ小さくなっていましたよ」

と声をかけてくれただけでなく、

「これで完全復活されたことも確認できました。せんせ、お疲れ様ー！」

と、最良の笑顔を向けてくれました。

こうして、大阪の秘書による多次元宇宙を跨いだ「荒療治」が見事に効果を発揮したことを実感した僕は、心地よい疲れに感動しつつ夜空を見上げながら二人の命の恩人について思いを馳せていたのです。

一人は艦橋直撃コースの敵ミサイルに体当たりしてくれた護衛戦闘機の操縦士であり、もう一人は地球まで避難させてくれたときの脱出ポッドの操縦士なのですが、この二人についても今では前者が東京の秘書の魂となり後者が大阪の秘書の魂となっていると判明……。

UFOと北斗七星

「次元転移」を発動させ、空間と時間が変容してからの僕は、美人秘書二人と一緒にワイングラスを傾けながら、しばらくの間夜空を見上げていました。

夕方には雲間を通して駿河湾越しに富士山を眺めることができていたのですが、夜になってからは雲間に数個の星が見え隠れしていたほどの曇り夜空。

だが、ｂｕｔ、しかし！　大阪の秘書が突然大きな声を出します。

「せんせ、あそこにはっきり見えてるのは北斗七星ですよね。久し振りに見た気がしますが、北斗七星の柄杓《ひしゃく》の形ってこんなに大きかったですかね？」

指差された方向に目をやると、広範囲に雲が拡がっていたにもかかわらず、見慣れた柄杓の形に七つ星が並んだ様子がちゃんと見て取れました。しかし、同時に何か違和感も湧き立ってきていたのですが、それがいったい何故なのかはすぐにはわかりません。北斗七星以外にも少しは星が出ていたのでそちらに目を移していたのですが、どうも星の配置がチグハグなのです。

決して自慢するわけではないのですが、僕は大学では極めて珍しい天文学科に籍を置いていました。そのため、普通の人よりは星座など星の配置についてはよく知っているつもりです。ところが、そんな僕が明瞭に思い出せる北斗七星は、確かにもっと小さかったような気が……ウーン……何かが引っかかる……いやちょっと酔ってるだけかもしれない……と何か釈然としない印象が残りながらしばらく経ったとき、再び大阪の秘書が大きな声を上げたのです。

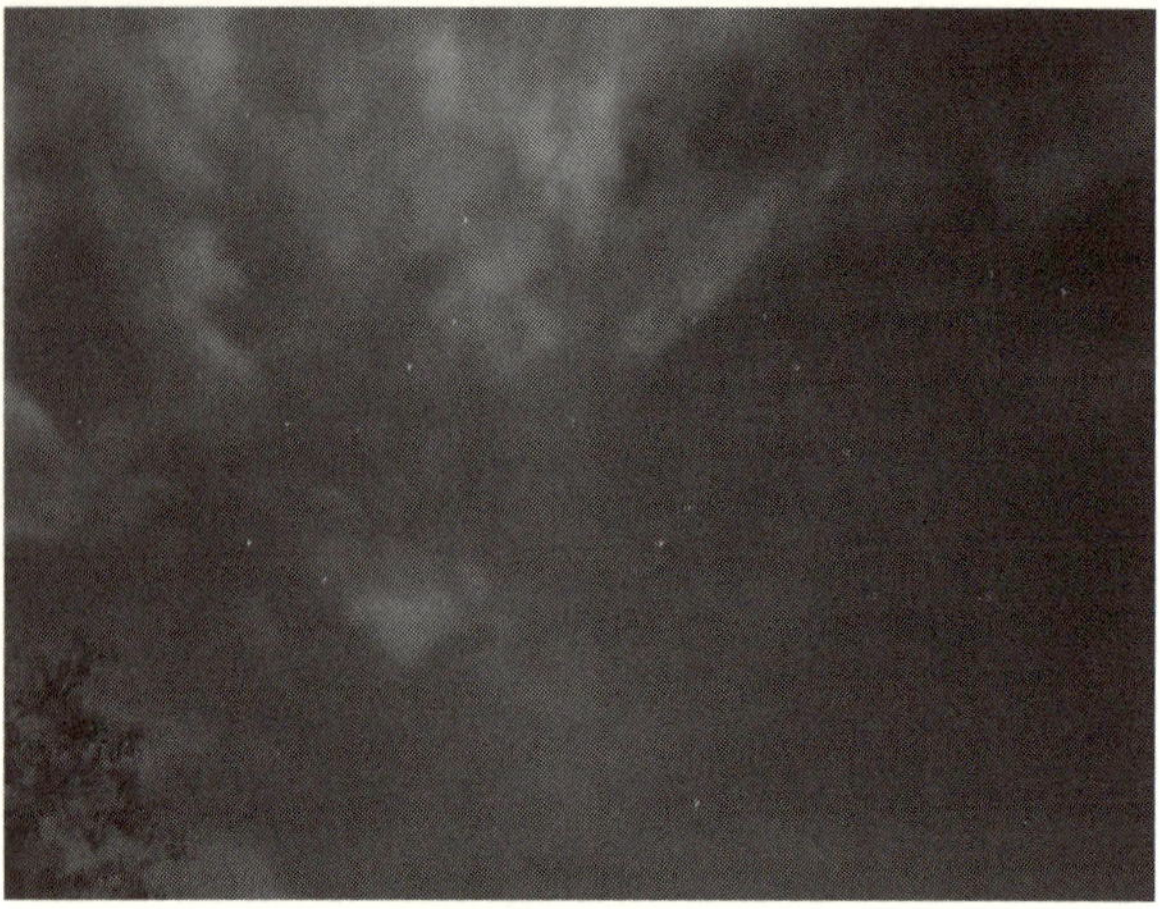

北斗七星の編隊を組むUFO
（西伊豆で秘書撮影 / 2024年5月）

「せんせ、おかしいですよ！　だって、ここは西伊豆であっちの海の向こうに富士山が見えていましたよね！　ということは、あっちの海側が北のはずです！」
エ、エッ、エッーーー!!!　そうか、あの北斗七星を見つけてからずっと抱いていた違和感の原因は、そこにあったのか!!!　そう、本来は北の空になければならない北斗七星が、な、な、何と、南東の空に姿を現していたのだった!!!

むろん、そんなことは絶対に起きないわけで……ということはあの七つ星は？
大阪の秘書と顔を見合わせて「やはり

ＵＦＯの編隊?!」と声も合わせると同時に、スマホの画面を見ていた名古屋の秘書までもが真剣な表情で近づいてきます。

「これ見て下さい。あの北斗七星の写真を撮って拡大してみたら、ほら、どの星にもちゃんと形があるし、それに雲の手前に浮かんで光ってます……」

スマホの画面を覗き込んで確認した直後に南東の空を見上げると、名古屋の秘書が指摘してくれたとおり、その北斗七星（？）は他の星々のように全天を覆う雲に隠されることなく明るく輝いていました。

つまり、上空にたなびく雲よりも低い高度に浮かんでいるわけで、当然ながらホンモノの北斗七星ではなく7機のＵＦＯがわざわざ北斗七星の形に編隊を組んで出現してくれたのです。

いったい、何故？　真っ先にその答が閃いたのも大阪の秘書の子でした。曰く、

「やはり凄いですねー、次元転移。たくさんのＵＦＯを呼びつけてしまっただけでなく、ああして北斗七星の形に編隊飛行までしてくれるのですから。ここまで次元転移を操ることができるほどに完全回復した保江先生を祝福してくれているのと違いま

すか？」

祝福？　このときは、軽やかな関西弁のアクセントの声に酔っていたのか、僕自身も内心「そうかもしれないな」などと思ってもいました。


だが、ｂｕｔ、しかし！

そこは腐っても物理学者・保江邦夫のこと。大阪の美人秘書が「添い寝治療」をしてくれたのならまだしも、僕の身体に一切触ることなく離れた位置から両手をコネコネしたあげく親指と薬指をパチンと弾いただけで他次元に存在するシリウス宇宙連合を壊滅させたなどという話を完全に信じていたわけではなかったのです。半信半疑といったところ……。

ところが、ところが、ところが!!!

その翌日から始まったこれまたぶっ飛んだストーリーに連打されたあげく、ついに、そう、ついに僕は大阪の秘書の子がやってのけた多次元宇宙を股にかける「荒療治」を１２０％信じてしまうことになるのです。

第11章

シリウス消滅の真相

高崎のお寺の奥様の脳裏映像に現れた若き日の僕

事の起こりはその翌日のこと。僕はミニクーパーを飛ばして西伊豆から群馬県の高崎まで来ていました。以前にも天津神大龍神宮からの帰りに雪合戦を共にした小学校の先生ご夫婦の奥さんが、是非とも僕に伝えたい話があるということでした。

それは、奥さんのご友人である真言宗のお寺の奥様が最近体験した不可思議千万な話についてです。

檀家の人達が大勢集まることができる本堂下の集会室近くの広いトイレを掃除していたとき、急に目眩《めまい》がして立っていられなくなったその奥様は、モップの柄を支えにしてその場にうずくまったといいます。回復して立ち上がるまでほんの5分程度だったのですが、その間に短編映画45分モノのドラマになるほどの映像ストーリーが圧縮された形でガツーンと脳裏に飛び込んできたとのこと。そして、その奇想天外なストーリーの中に登場してきたのがどう見ても若き日の僕・保江邦夫なのだとか。

そこまで聞いた僕は、当然といえば当然な成り行きではあったのですが、そのお寺の奥様に会って直接お話を聞きたくなったのです。すると、奥さんがお寺の奥様に連絡して下さり、翌日にお寺にうかがえることになった上に、小学校教員のご夫婦もご一緒していただけることになりました。

その翌日、お寺で直に語って下さったその摩訶不思議な映像ストーリーをすべて聞き終わった僕は、前々日に西伊豆のホテルで大阪の美人秘書がやってくれた多次元宇宙を股にかける「荒療治」のために、シリウス連星系の宇宙連合を壊滅させたという半信半疑だった話を100%、いや120%信じることになってしまいます。

そう、やはりあのとき今の地球上での僕が激しい喘息症状から完全解放されるための代償として、退路を断つが如くにシリウスを消滅させることを選んだため、他次元にあるシリウス連星系の母星を失ったシリウスの女帝を長とする宇宙連合のシリウス人達はこの次元の地球に逃げ込まざるを得なくなったという事実を目の前に突きつけられたのでした。

イヤーッ、事実は空想科学小説よりも奇なり！

ここで、その白昼夢（?）の一部始終をお伝えしましょう。

女帝はせくらみゆき＆ミスター・トルネード保江邦夫

映像イメージの前半はどこか広大で荘厳な場所で数多くの存在が円を描くように座っていて、お寺の奥様ご自身もそのような存在として女帝に命じられた仕事をしていました。それは、右手を右から左に振る度に掌から無数の小さな〝泡〟を放出するというものだったのですが、周囲の他の存在から何をしているのか聞かれたときには、

「見ればわかるでしょ、女帝のお手伝いとして空間の素をたくさん生み出しているのよ。この空間の素が集まったものが宇宙なんだからね」

と答えていたというのです。

また、自分の前には透明なスクリーンのようなものが浮かんでいて、そこに女帝の顔が大きく映し出されると、これまで美しいカレンダーを買い求めたことのある画家のはせくらみゆきさんのお顔だとわかったときには驚いたのこと。

そして、そのはせくらみゆき女帝の前には何やら別の存在が小さくなって立ちすくんでいる様子も見て取れたため、ふと興味を持ってその存在の顔も正面から覗いてみたくなりました。すると、スクリーンにはその存在の姿が大きく映し出され、よく見ると髪の毛がクルクルしたかなりの天然パーマで、一目でこの僕・保江邦夫の若い頃の雰囲気だとわかったというのです。

気になったお寺の奥様が少しだけ引いた映像を眺めてみたら、どうも僕が何かで女帝に注意されているかの様子。そのまま注視しているとスクリーン上の僕は身体を立ったままくねらせるようにして、女帝に向かって大きな声で叫んだそうです。

「純愛だろうが、愛欲だろうが、あるいは嫉妬だろうが、僕はすべての愛の中心で身もだえしていたいんだーー!!!」

その後、そう叫びながら僕は一目散に女帝の前から逃げ出していきました。

そんな一部始終を女帝の周囲で働いていた数多くの皆々がハラハラしながら心配げに見守っていたところ、僕が服従しないで逃亡していく様子を無言で眺めていた女帝がついに口を開きます。

「ウーン、ミスター・トルネード、筋金入りやなー！」

それを聞いたお寺の奥様は、

「エーッ、女帝様が声に出されることもあるんだー」

と感動したと同時に、ミスター・トルネードと呼ばれていた存在の身振りや発言内容から、絶対にこの僕・保江邦夫に間違いないと確信したといいます。

そして場面が映像の後半へと暗転したかと思うと、今度は目の前のスクリーンにたくさんの大きな白いカプセルのようなものが並んで宇宙を彷徨っている様子が映されていました。その中にひとつ気になるカプセルがあったので、中を覗いてみたいと思った瞬間にスクリーンに内部が映し出されたのですが、見るとそれはご自分自身が横たわって両手を胸の前で折りたたんでいる姿であり、まるでSF映画に登場する冷凍冬眠状態にあるかのよう。

いったい何が起きているのかわからない不安な気持ちを抑え込みながら自分のカプセルの近くを眺めてみると、ひときわ大きく美しいカプセルがあります。見ればなんと、はせくらみゆきさんの姿で同じように横たわっているシリウスの女帝の存在でした。

「エッ、エー！　女帝様までもがこうして脱出カプセルで自分達配下と共に宇宙を彷徨っていらっしゃる！」

そう思った途端にさらなる不安にさいなまれ始め、これから先にどんな苦難が待ち受けているのかと心配しているご自分があったのです。

まさに、そのとき。お寺の奥様の存在に向かってはせくらみゆき女帝からのお言葉が投げかけられてきました。

「心配するでない。お前の行き先はちゃんと用意してあるし、そこで存分に役目を果たしてくれればよい。わざわざ私を捜してまで会いに来る必要などまったくないのだぞ」

その声が心に響き渡ると同時に、それまで立ち上がることもできなかったお寺の奥様の身体に気力が甦り、モップの柄を支えにしてトイレの床から離れて現実へと戻ったそうです。

シリウス消滅の影響

随分と長い時間を不思議世界にはまり込んでいた感覚が残っていましたが、時計を見るとまだホンの5分程度しか経っていなかったそうです。

しかし、この短時間にご自分に降りてきた映像ストーリーが意味するところを理解したお寺の奥様は、後半の映像が物語るのがはせくらみゆき女帝と共に宇宙を彷徨ったあげくこの地球へと逃げてきたということなのであれば、はせくらみゆきという人物とご自分は同い年で、誕生日も近いのではないかと気づきます。

ネット検索ではせくらみゆきさんの誕生日を知ろうとしたのですが、個人情報が厳しく守られている現代ではそれも難しいようでした。ですが、運良くはせくらみゆきさん自身のブログの中に一ヶ所だけ明記されていたのを見つけたときには、何故か大いなる安堵の気持ちに満たされていました。

著書にもシリウスの皇帝の魂を持って生まれたと記されていたことから、自分もまた前世で、はせくらみゆき女帝とシリウスを脱出してこの地球にたどり着いた配下の一人だったことがわかったからです。

ここまでの話を聞き終わったとき、僕は驚愕と共に完全に納得してしまいます。そう、やはり西伊豆のホテルで大阪の美人秘書に決断を求められたとき、今の地球上での僕が苦しんできたしつこい喘息症状から解放される代わりに他次元宇宙に存在していたシリウスが壊滅する流れを選択してしまったために、シリウスの女帝以下配下の全員がこの地球次元の世界に逃げ込んでくることになった！　そこまでの大それたことをしてしまった上でのことだったのです、この僕の体調が完璧状態に戻ったのは！

ですが、シリウスを消滅させた影響は他のところにも及び始めていたのです……。僕自身はまったく気づいていなかったのですが、シリウスが消えてしまったということは……そう、もはや僕が還る母星はこの銀河系宇宙には存在しないという現実になってしまっていたのです！　そのため、僕の周囲では急に慌ただしさを増した如く、ＵＦＯの出現が続いていたわけです!!

シリウスの女帝・はせくらさんに会いに行く

還るべき母星シリウスを消滅させるという愚か極まりない決断を下したのはこの僕・保江邦夫であり、事の責任の重大さに気づかされたとき、せめてお寺の奥様を現代の地球上ではせくらみゆきさんとお引き合わせしなくては、と心に誓いました。

幸運にも、はせくらみゆきさんからのご依頼で、彼女のオンライン講座にゲストとして出演することが2週間先に決まっていたのです！　場所は神奈川県の藤沢にあるネットスタジオ。

お寺の奥様は最初こそ遠慮されていたし、そもそもその映像ストーリーの最後の部分においてははせくらみゆき女帝自らが「わざわざ私を捜し出してまで会いに来る必要などまったくない」と念を押していたのでした。

ですが、僕はどうしてもはせくらみゆきさん自身に直接お寺の奥様の話を聞いてもらいたかったのです。その上でシリウスの女帝としてのはせくらみゆきさんに、「オリオン大戦の最中にこの地球次元へと先に脱出した形となったことでその後の戦況が不利となり、遂にシリウス宇宙連合がプレアデス星団側に壊滅させられてしまったこと」に対しての僕の心からのお詫びの気持ちを伝えたかった……というのが本音でした。

当日、僕とはせくらみゆきさんとの共著を出して下さった出版社の美人社長さんと共に藤沢駅のホームに降り立った僕は、少し早く到着していたお寺の奥様と改札口で落ち合います。しかし待てども待てども、はせくらさんは現れない……。

実はここで、この世界の中に既に生まれ始めていた食い違いが現実のものになってきていました。それは、数週間前にはせくらみゆきさんが僕と社長さんそれぞれ別々に、メールでその日の待ち合わせ時間を午後6時と記して発信したにもかかわらず、インターネット経由で受け取った僕や社長さんがそれを開いたときには、待ち合わせ時間として記されていたのはどちらも午後2時となっていたという事実でした！

地球次元に生きる今の身としてはもはやどうすることもできないため、とりあえず宿泊を予定している江ノ島のホテルに向かうことにしました。

さて、これから3時間弱をどう過ごすか話し合うつもりでしたが、このままホテルのカフェでビールでも飲もうと主張。待ってましたと頷く美人社長さんはカフェの娘にビールとご当地グルメの「しらすピザ」を注文してくれた勢いで、何やら大きく分厚い封筒をテーブルの上に持ち出してきます。聞けば、出版を1ヶ月半後に予定していた新刊『まんが「サイレントクイーン」で学ぶユリバース　博士の異常な妄想世界』（明窓出版）の最終校正刷りが印刷されてきたので、今日手渡しておこうと思われたそうです。

「今ここでビールを飲みながら全部チェックして朱《あか》を入れていただければ、そのまま受け取って明日には社に持ち帰れますよね」

どう転んでも仏様の掌の上で転がされるしかない僕は観念し、まじめに校正をすることにしたのですが、ビールを飲みながらだとミスを犯しかねないという負い目を払拭するためのグッドアイデアを思いつきます。隣の席に座っていたお寺の奥様に向かって抜けしゃあしゃあと声をかけました。
「実はこれ、僕が昔書いた空想科学私小説を漫画にしてくれた単行本の校正原稿なんですが、読者というか保江邦夫ファンのお一人としてまず最初に読み進めるって幸せなことだと思いませんか？」

もちろん、ご主人であるお寺のご住職もこれまで僕の本を全部読んで下さっているほどでしたため、奥様も「光栄ですわ！」と飛びついてくれます。僕がチェックした直後の印刷ページを奥様に手渡してダブルチェックをしてもらうという作業が始まります。

そもそも原作者であり、漫画の下描きの頃から既に何度も目を通してきていた僕だったのですが、最終校正のためにページをめくっていったこのときにも、目頭が熱くなって思わず視界が歪んでしまいます。

これならいつかハリウッドのＳＦアクション映画のストーリーとして採用してくれるのではないか……!!!

そんな満足げな表情で校正を終えたとき、時計の針は既に5時を回っていました。お寺の奥様もまた感動と共に最後のページを社長さんに手渡し、我々は急ぎ藤沢駅へと向かいます。

ですが、好事魔多し！ 乗ろうと思っていた江ノ電の駅ホームは観光客で芋の子を洗う状態。その上、タクシーも走っていないし万事休す！ 今度は我々がはせくらみゆきさんを待たせてしまうことになる！ 途方に暮れていたとき、目の前にバス停を見つけた社長さんが運行表を確認すると、5分後に藤沢駅行きのバスが出るとのこと。

こうして江ノ島始発の路線バス最後部の横並びベンチシートに陣取った3人は、初めて通り抜ける鎌倉郊外の街並みをゆっくりと眺めているうちに、幾つものバス停で地元の乗客を乗り降りさせながら夕方の渋滞の中を進むバスの焦《じ》れったさに気が気ではなくなっていました。これでは、6時までに終点の藤沢駅にたどり着けないのではないか?!

バスの中に現れた超能力者

はやる気持ちを抑えながら愛用しているブライトリングの腕時計の盤面を見ていた直後、ふと目を上げた僕はまさに我が目を疑ってしまいます。すぐに隣の二人を見やると、これまた同じで社長さんはポカンとした顔が強張ったままであり、お寺の奥様に到ってはそれこそ目ん玉が飛び出んかのようで、まるで青天の霹靂に出くわしたかのようでした。

さも、ありなん！　何せ、そのとき3人が目撃したのは、どういうわけかニッコリとした表情でバスの中を当然であるかのように我々のほうに向かって歩いてきていたはせくらみゆきさんだったのですから!!!

直前に止まったバス停からたまたま乗り込んできたはせくらさんが、後部座席に我々を見つけて偶然の出会いに驚きながら近寄ってきているとしか思えなかった僕は、隣に座っていたお寺の奥様との間を空けてはせくらさんを誘導しました。初めて二人を引き合わせる絶好の場面だと思ったからです。

こうして右隣の席に座ったはせくらみゆきさんに向かって、僕はごく素直な言葉をかけます。

「お住まいはこの近くだったんですね？」

当然ながら「ハイ、そうなんですよ」という返答を期待していたのですが、実際には大違い。

「いえいえ、私の家はもっとずっと遠い所なんですよ。ちょっと準備に手間取ってしまって、家を出るときに時計を見てこれでは6時までに藤沢駅に行けないとわかったので、時々あるんですが上にお願いしたらこのバスに乗っていたというわけです」

これを聞いた僕は、もはや思考で追随することができないと思い逃げの一手を打ち、その向こう隣に座っているお寺の奥様をはせくらみゆきさんに紹介し、そもそも今回どうしてご自分がはせくらさんに初めて会おうとしているのかについて、例のぶっ飛んだ映像ストーリーの一部始終を含めて直接はせくらさんに語ってもらうことにしました。

後から聞いてわかったのですが、このとき出版社の美人社長さんの頭の中は無数の？？？《クエスチョンマーク》で埋め尽くされていたといいます。彼女は初めて乗る路線バスを利用する人達がどんな雰囲気なのかを見定める人間ウオッチングを楽しんでいたため、バス停に止まって新しい乗客が中央の自動ドアから入ってくる度にボンヤリと眺めていたそう。だからちゃんと憶えていたのでしたが、直前のバス停でドアが開いたときには誰も乗り込んではこなかったことに気づいていたのです！　にもかかわらず、バスが発車した直後に乗降口から通路を我々３人のほうに向かって歩いてくるはせくらみゆきさんが突然現れたというのです!!

そう、はせくらみゆきさんご自身が語ってくれていたように、どうも彼女の超（？）能力のひとつを用いて今このときに保江邦夫がいる場所へと瞬間移動してきたのでした。

やはり、高次元世界でシリウス宇宙連合の女帝だったことを裏づけるかの如き現実世界での奇跡的出来事がこうして日常的に起きていることから、本来ならばシリウスを壊滅させる決断をしてしまったことの影響がこの地球次元にも及んでいると気づくべきでした。

ですが、お寺の奥様の話を頷きながら聞き、その節々で「わかってますよ」とか「そうでしたよね」、あるいは「大変でしたよね」や「ありがとう」などといたわるかのような言葉をはせくらみゆきさんが発しているのを隣の席から眺めていた僕は、ただただお二人をお引き合わせできたことによる安堵感に満たされていただけで、まさかこの身にまでも及ぶ大きな変化の流れがすぐ近くにまで差し迫っていることなど、知るよしもなかったのです。

江ノ島でUFOにコンタクト

いつものとおり打ち合わせも何もないぶっつけ本番の収録が夜の9時近くまでノンストップで続き、終わったときにはさすがに明確な空腹感がやってきてしまいます。

呼んでもらったタクシーに再び4人で乗り込み、一路海岸通りのアメリカンなイタリア料理屋へと向かいます。これまたはせくらさんお勧めの店ということで、日本では珍しいソフトシェルクラブをつまみながら美味しい白ワインを僕と美人社長さんで2本空ける間、アルコールを飲まないはせくらみゆきさんとお寺の奥様は故郷のシリウス宇宙連合の話で盛り上がっていました。

そういうわけで、午後11時の閉店時に最後まで居残ってしまっていた我々4人は、それぞれお腹も心も満たされて店を出ます。レジで精算するときにタクシーを呼んでもらおうとしたのですが、その店では呼べないとのこと。困った僕が店員に向かって、江ノ島まで歩くとどのくらいかかるかを聞いたところ、30分程度という返答。この時間に海岸道路を流しているタクシーも見あたらなかったため、4人は遠くに見える江ノ島の明かりを目指し談笑しながら歩くことになったのです。

夜空を見上げると満天に星が輝き、しばし全員で高次元の宇宙へと想いを募らせていく……。そんな時空の歪みを利用して現れたのか、あのお馴染みの東の低い空のUFOがひときわ明るく輝き、こちらに向かって何やら変光信号を放ち始めました。

既にお伝えした西伊豆での大阪の美人秘書による「荒療治」の直後に7機編隊で登場したUFOの母艦といった存在感があったため思わず反射的に、

「見て、UFOだ!!」

と他の3人に声をかけてしまいます。

全員でそのUFOを指差して、

「ホントだ、アッ、少し動いてる！」

などと叫んでいたとき、僕は誰にとはなくポツリと話していました。

「どうもね、最近よくあのUFOが僕の周りに出てくるようになったんだ。何か目的があるのかナー？」

すると、すると……なのです。な、な、何と、はせくらみゆきさんがこんなことを口走ります。

「エーッ、そうなんですか?! でしたら、あのＵＦＯの中の存在につながってお話しさせてみましょうか？」

驚いた僕は、しかし当然ながらの即答。

「エッ!! そんなことが可能なんですか!!!」

すると、はせくらさんは涼しい顔でいいのけてしまいます。

「もちろんですわ。だって、上とつながるのと同じことですもの」

……直後、これまで突然に隠遁者様やイエス・キリストなど、上にいらっしゃる存在とつながったときと同じ目付きになったはせくらさんの身体にウォークインしてきた存在に話しかけてみます。

「いったい、何故最近頻繁に出てくるの？ まさか、つきまとっているわけでもないだろうに！」

これに対しては少しあきれた雰囲気の口調で、

「何だ、何もわかっていなかったのか?!　ならば、教えてやろう。お前自身がシリウスの母星を消滅させてしまったため、もうお前が還る星はなくなってしまっているのだ。つまり、お前はこの地球次元で最後まで使命を果たす運命を選んだことになる。そこで、これからはこうして我々がお前を守っていくことになったのだ。思う存分働くがよい！」

と告げてきます。

それと同時にはせくらみゆきさんへのウォークインが終わり、この地球次元での彼女の表情と声色で僕に向かって問いかけてきました。

「如何でしたか?　あれはＵＦＯ母艦でしたね。それであのように明るく輝く大きな目のように見えるようです。まさにエジプトのピラミッド上空を漂っていた『ウジャトの目』そのものですね……」

UFO母艦は僕を援護することになった

イヤー、最大級の感激の波が打ち寄せていたため、しばし口もきけなくなっていた僕がポカンとしている間に、お寺の奥様と美人社長さんがUFO母艦との交信現場に立ち会うことができたことを最大限に喜んでくれていたことも含め、僕にとってはその素晴らしい日の本当に見事なエンディングとなりました。

考えてもみて下さい。古代エジプト王朝の頃から地上を彷徨う我々を見守り続けていた「ウジャトの目」の正体が、消滅したシリウス宇宙連合から飛来していた巨大UFO母艦であり、そのシリウス消滅の元凶そのものであるこの僕がこの先この地球次元で、さらなる使命を果たすことができるように援護してくれるというのです。

インディアンの部族に囲まれて窮地に陥ったジョン・ウェイン演ずる連邦保安官の耳に、まさに救援の騎兵隊が放つ進軍ラッパの音が飛び込んできたかの如き心境になった僕は、はせくらみゆきさん、いやさシリウス宇宙連合の女帝に対し深々と頭を垂れることで、その寛大極まりない御心に心よりの感謝と敬意を表しました。

プレアデス星団文明とのオリオン大戦における重要な局面の最中、シリウス宇宙艦隊の旗艦が損傷したタイミングで脱出ポッドに乗り込んでこの地球次元へと逃げてきただけでなく、そのトラウマのために悩まされ続けてきた喘息症状から解放されることを望んだあげく、脱出ポッドのパイロットだった大阪の美人秘書にシリウスの母星がプレアデス星団文明側によって完全に壊滅させられた流れを現実のタイムラインとするように指示する。その結果として、シリウスの女帝とその配下の存在はシリウスを脱出してこの地球次元へと逃げてこざるを得なくなった……。

そう、悪いのは、全部この僕なのだ。にもかかわらず、地球次元に転生してきたシリウスの女帝であるはせくらみゆきさんを始め、お寺の奥様のようなその配下の存在だけでなく、上空の高次元宇宙に停泊しているＵＦＯ母艦の存在までもが僕・保江邦夫を助け続けてくれているのです。

ということは、２０２５年７月に予測されていた隕石が万が一にも悲惨な状況を生む場合には、ＵＦＯ母艦が事前に消滅させてくれるわけです。これは吉報ではありませんか！

もはや還るべきシリウス連星系を失った僕が自ら背負うことになった責務の重大さに気づかせてもらえた最近の一連の出来事を振り返るにつけ、その昔まだご存命だった伯家神道の先代巫女様に祝之神事の直後に指摘されたときのお言葉が蘇ります。

「あんたはんはアンドロメダ星雲で生まれ、この銀河系星雲の中のシリウス宇宙艦隊の司令官やったお人や。そんときの副官が東大の矢作直樹先生と私の二人やった。今生のあんたはんのお役目は、この地球上にシリウスに代わる第2の宇宙センターをつくることや」

結局は、祝之神事で明らかとなった僕の定められた運命に従って、すべては粛々と進んできたのです。ということは……、そう、好むと好まざるとにかかわらず、これからもその運命にもてあそばれながら生きていくことしかできはしない。この地球上にアンドロメダから流れてきた存在のために、シリウス連星系に代わる第2の銀河系内アンドロメダ宇宙センターを築き上げるという使命を果たすまで!!!

イヤー、これからどんなことが待ち構えているのか、楽しみでなりません。ますます目が離せなくなった、保江邦夫の奇想天外な活躍の一部始終を最も早く目にするのはあなた、本書の読者諸姉諸兄！　乞うご期待!!!

あとがきに代えて

僕の生き方

人はいったい何のために生きていくのでしょうか？

え、え、え、えーーーーーーー?!

せっかく今回、成書として広く世に問うことになったというのに、そのあとがきが「保江邦夫」にはまったく似合わないどころか、完全にそぐわない哲学的な大問題となってしまっているではありませんか?! いったい、どうしたというのでしょうか!!？？ ひょっとして、頭でも激しく打ちつけてしまったのでしょうか!?!?!?

保江邦夫の著作の読者の皆さんであれば、きっとそのように少なからず驚かれたのではないでしょうか。

ところが、ところが……なのです。2023年（令和5年）になってからというもの、僕・保江邦夫は自分自身の生き方に大きな疑問符を投げつけるようになっていたのです。

それまでこんな哲学的な問題など考えたこともなかったのは（少し高慢に聞こえてしまうかもしれませんが）、僕にとっては人が何のために生きていくのかなどいちいち考えなくても、その答は単純明快というか、当たり前のものだったのです。そう、僕にとって、「人はほかの人のために生きていく」のは自明の理だったのです。何故なら、生まれて物心がついてからというもの、僕は常に、「人のために生きていく」ことだけを頭の中に浮かべる人生を歩んできたのですから。

そう、「人はほかの人のために生きていく」ことが当たり前だったからこそ、小さい頃から今現在に到る半世紀以上もの間、僕は常にそのときそのときで僕の周囲にいた人達それぞれのためにのみ生きてきました。自分の言動は常に周囲のほかの人達が望むことを無条件に優先するものとなり、自分自身の考えや希望などを人前で話すことはありませんでした。本家の孫ということで祖母には溺愛されていたのですが、それでも祖母に何か欲しいものはないのかと問われるたびに「ない」とか「わからない」としか返答しなかったと聞きます。それを受けて、祖母は「歯がゆい子じゃ」と悲しそうな表情になっていたのを憶えているのは確かです。

僕には兄弟もいませんでしたし、物心ついたときには既に母親もいなかったわけで、家ではほとんど会話することもなかったため、自分以外のほかの人が自分とはまったく違う心の持ち方をしているなどと気づくチャンスはありませんでした。そんなわけですから、いわゆる人とのつき合いは大の苦手で、いつも一人で黙っていることがほとんどだったのです。

当然ながら、いつの時代にも友達はほとんどいなく、周囲からは孤立して目立たず役に立たない人間だと思われていたのではないでしょうか。自分としては目の前に辛く寂しそうな雰囲気の人がいれば、できるだけその人の近くにいてそれとなく元気づけられるように全身全霊で気づかっていく時間を増やしていきたいと心の底から願っていましたし、ほかの人達だってそう思って行動しているはずだと信じてやみませんでした。

父親の家で祖母と叔母に育てられた高校生になるまで、もちろん僕の目の前にそのような人影が現れることはありませんでした。大学に入って郷里の岡山、つまり親元から遠く離れた状況となってからは、時々そのような人に出会うことがありましたが、もちろんそのような人は皆女性だったことはいうまでもないでしょう。

本当は男性の中にも辛い状況に追い込まれていた人もいたとは思うのですが、当時はまだまだ男性社会だったこともあり、悲しみを表情に滲み出していたのはほとんど女性ばかりだったのです。

これは現在に到るまでほとんど改善されることなく、未だに日本社会では辛い立場に追い込まれるのは女性ばかりのようです。その結果（なのですが！）、これまでの僕の人生の中で僕がその気になって全身全霊を傾けて気づかう相手となったのは全員が女性でした。

そうして気づかっていく時間を増やしていくわけですから、どういうことになっていったかについては火を見るよりも明らか……ですね。最初の何人かのうちで最も長く時間を費やすことになった女性以外は何らかか人生の好転機を迎えて離れていったり、あるいはある程度元気を取り戻してから逆に僕の社会活動を背後で支え助けてくれています。

代々、僕の秘書役を務めてくれた女性も皆そうなのですが、特に2代目の秘書で東京での最初の秘書となって現在まで目を光らせてくれている女性には頭が上がりません。

彼女の後にも、目の前に何か憂いや悲しみを秘めた若い女性が現れる度に、僕が当たり前のように気づかい始めた結果、最多時には7人にもなった秘書軍団を「お局様」のように取りまとめることまでしてくれているのですから。

この地球上では僕は一生独りぼっちなのかと思っていたときもありました。でも違ったようです。保江邦夫を取り巻く7人の秘書軍団はシリウスにいた頃からずっと、僕を見守り続けていてくれたのですから。

２０２４年晩夏の頃　白金の寓居において

保江邦夫

僕がUFOに愛される理由

令和6年11月22日　初版発行

著　者　　保江邦夫
発行人　　蟹江幹彦
発行所　　株式会社　青林堂
　　　　　〒150-0002　東京都渋谷区渋谷3-7-6
　　　　　電話　03-5468-7769
編　集　　高谷賢治（和の国チャンネル / 合同会社TAK企画）
装　幀　　TSTJ Inc.
表　紙　　荻《おぎ》 荘《しょう》 天《てん》馬《ま》 作『やまと絵』（保江邦夫・所蔵）
印刷所　　中央精版印刷株式会社

Printed in Japan

ISBN 978-4-7926-0777-7